价值投机

投资标准化之路

海　洋◎著

中国经济出版社
CHINA ECONOMIC PUBLISHING HOUSE
·北京·

图书在版编目（CIP）数据

价值投机：投资标准化之路／海洋著．

北京：中国经济出版社，2017.1

ISBN 978－7－5136－4557－7

Ⅰ.①价… Ⅱ.①海… Ⅲ.①股票投资—研究 Ⅳ.①F830.91

中国版本图书馆 CIP 数据核字（2016）第 321236 号

责任编辑 燕丽丽

责任审读 贺 静

责任印制 巢新强

封面设计 任燕飞

出版发行 中国经济出版社

印 刷 者 北京力信诚印刷有限公司

经 销 者 各地新华书店

开 本 710mm×1000mm 1/16

印 张 12.5

字 数 150 千字

版 次 2017 年 1 月第 1 版

印 次 2017 年 1 月第 1 次

定 价 48.00 元

广告经营许可证 京西工商广字第 8179 号

中国经济出版社 **网址** www.economyph.com **社址** 北京市西城区百万庄北街 3 号 **邮编** 100037

本版图书如存在印装质量问题，请与本社发行中心联系调换（联系电话：010－68330607）

序

结合笔者16年的股市投资心得，并与多位优秀基金经理沟通交流，吸收、融合了他们的投资智慧，在对传统投资理论进行系统、深入研究的基础上，最终落笔成书。

本书共分“价值分析”“技术分析”“投资策略”三大部分。

第一部分“价值分析”，旨在解决怎样进行价值投资的问题。各种媒体经常呐喊价值投资，但对于如何进行价值投资，却从来没有人讲清楚过。为了解决这个问题，笔者经过多年思考、归纳、总结和实践，并在博采众家之长的基础上，提出了“公司投资价值分析模型”“周期性行业拐点判断模型”等可以做量化分析的价值投资方法，简单明晰，即使完全不懂财务的投资者也可以无障碍地参照适用。本书第一部分虽只有短短三章，却是多年心血铸就，可见创新之不易。

第二部分“技术分析”，旨在解决如何进行技术分析才能提高准确性的问题。介绍了几种较为经典的技术理论及其运用，包括趋势理论、量价关系、价格形态、技术指标、波浪理论、时间周期、股票市值大小与长期涨跌幅的关系等。其中的某些定义、运用方法等可能会与传统技术理论略有不同。应该说，传统经典技术理论经实践检验屡试不爽的精华部分，本书予以保留并有所提炼，传统技术理论在实际运用中遇到的不足之处，本书尽量想办法予以解决并提出了自己的看法。因此，该部分内容是笔者在总结前人智慧的基础上，略有创新和发展。

第三部分“投资策略”，旨在解决如何制定适合自身特点的投资策略的问题。市面上股票投资类书籍多如牛毛，但是绝大部分股票投资类书籍是不介绍如何制定投资策略的，至少我没有在市面上见过一本真心想教会你如何制定投资策略的书。其中的原因暂且不说，但是我可以负责任地说，制定一套好的投资策略非常重要，这也许是确保您能在股市中长期稳定获利的法宝。

股市如人生！起起落落的是股市走势，而这又何尝不是人生的真谛？在暗流涌动间出生，在波涛汹涌中成长，在惊涛骇浪里历练，在风平浪静时扬帆，在悄无声息处思索，在心如止水间感悟人生的五彩斑斓……

我有所期待，期待着真心可以换得真心，尤其是在这个失真的年代……

感恩对本书提出过宝贵意见的每一位亲朋好友，在此说一声最真诚的“谢谢”！感恩人生路上有您的支持！

海　洋

2016 年夏

目录

第一部分　价值分析

第二部分　技术分析

第三部分　投资策略

第一部分

价值分析

价值投资是备受推崇的投资理念，但对于如何进行价值投资，却从来没有人讲清楚过。本部分内容即是为了解决怎样进行价值投资的问题。为了解决这个问题，笔者经过多年思考、归纳、总结和实践，在博采众家之长的基础上，提出了“公司投资价值分析模型”“周期性行业拐点判断模型”等可以进行量化分析的价值分析方法。这一方法的特点是简单明晰，即使完全不懂财务知识，也可以无障碍地参照使用。

第一章　初识价值投资理论

介绍价值投资理论既不是本书的目的，也非本书的重点。在本书“价值分析”部分，重点是第二章“公司投资价值分析模型”和第三章“周期性行业拐点判断模型”。但是考虑到本书结构的完整性，还是有必要对价值投资理论做一些简要介绍。

第一节　开山鼻祖

本杰明·格雷厄姆（Benjamin Graham）

本杰明·格雷厄姆1894年出生于英国伦敦，不满1周岁随父母迁往美国，大学毕业后进入华尔街开始了一生的投资生涯。他和戴维·多德合著的《证券分析》一书于1934年正式出版，那时美国刚刚经历了1929年股市大崩盘。

1929年的股灾可能是人类历史上第一次也是最严重的一次非战争和自然灾害而引起的大劫难，它使当时世界上最大的经济体瞬间崩溃，并进入了持续的大萧条期。当时一些刚从欧洲度假归来的富豪一踏上美国国土就变成了一文不名的穷人，一些穿着裘皮大衣的曾经的贵妇露宿街头，有的甚至被冻死，而大量的平民百姓因失去工作而流离失所。

格雷厄姆亲历了这段惨痛的历史。在此之前，美国证券市场投机盛行，或者以投资之名行投机之实。1929 年的大崩盘让格雷厄姆意识到传统方法存在的严重缺陷，进而开始思索，以寻求一种安全、稳健、令人满意的投资方法。《证券分析》一书的出版，使格雷厄姆名声大噪，被誉为价值投资的鼻祖。

格雷厄姆价值投资的基础是价值分析，即对企业本身内在价值的分析。传统的证券投资方法更多地去关注宏观经济、政治因素以及资金流向、大盘走势等技术指标，而格雷厄姆认为这一切皆非人力所能判断，我们所能做的就是通过对所能获得事实的认真分析来确定企业的内在价值，并在市场价格远低于内在价值的情况下买入。

如果用简单的语言来表述格雷厄姆的投资理念，可以归纳为三条。

第一，安全边际原则。

安全是第一位的，这是 1929 年股灾给格雷厄姆上的最重要一课。任何时候都只买入市场价格远低于内在价值的股票！

第二，风险分散原则。

不要去过分关注公司的质地，只要价值被低估，就一视同仁买入。他坚信一个基于理性评估、精心选择、投向分散的普通股组合即是一个正确的投资组合，可以抗衡任何风险。

第三，市场原则。

市场有时波澜不惊，有时又暴涨暴跌。市场经常犯错误，它是趋势投资者的敌人，是价值投资者的朋友。我们应该利用市场的错误，在低估时买入，高估时卖出。

格雷厄姆的价值投资理论虽然不完善，但却给后来的投资者指明了价值投资的基本方向。

菲利普·费雪（Philip A. Fisher）

如果说本杰明·格雷厄姆开创了价值投资理论的先河，那么，菲利普·费雪则对价值投资理论的补充和完善做出了巨大的贡献。

菲利普·费雪1907年出生于美国旧金山，1928年毕业于斯坦福大学商学院，1931年创立费雪投资咨询公司。1959年出版代表作《怎样选择成长股》。他被誉为现代投资理论的开路先锋，成长股价值投资策略之父。

格雷厄姆的投资理论虽然伟大，但尚不够完美。它的一个致命缺点就是只强调了投资的安全性而忽略了企业本身的成长性。而菲利普·费雪成长理论的出现恰好填补了这一空白。

费雪的投资理念是重视对企业特质的了解与掌握。他从来没有用超出自己有限能力和经验之外的技巧去做投资计划，也从来不去投资那些自己并不完全了解的公司。他认为超额利润的创造须具备两个条件：一是投资那些潜力在平均水准之上的公司；二是和最有能力的管理者合作。

费雪有别于格雷厄姆的另一个特点是集中投资和长期持有。格雷厄姆用分散投资来化解风险，而费雪用确定性来化解风险。要增加确定性就必须对企业有充分的了解与把握，你做的最佳选择就是把有限资金投入到少数几家你能够充分了解和把握的企业上去并长期持有。

格雷厄姆和费雪显然是不同的。格雷厄姆属于数量分析家，重点强调了那些可以测量的因素：净资产、当前利润以及红利等。格雷厄姆的研究范围主要是公司档案和年度报告，不去拜访顾客、竞争者或经理人员。他的兴趣在于形成易于被普通投资者所接受的安全投资获利方法。为减小风险，格雷厄姆建议资产组合多元化。

费雪的投资方法可视为格雷厄姆的对立面。费雪属于质量分析家，重点强调他认为可以增加公司内在价值的因素：发展前景及管理能力。相对于格雷厄姆仅对购买便宜股票感兴趣，费雪则购买那些有能力增加其长期内在价值的股票。费雪经常深入企业访问，以便发现能改善他选择过程的点滴信息。费雪偏向投资组合的集中化并长期持有。

沃伦·巴菲特（Warren Buffett）

应该说，格雷厄姆和费雪的投资理论差异是比较大的，甚至有点格格不入，它们一直被视为投资理论的对立面。直至一个人的出现改变了这种状况，他将两种理论有机结合起来并发扬光大，最后成为一代宗师，他就是沃伦·巴菲特。

沃伦·巴菲特 1930 年出生于美国内布拉斯加州，17 岁进入内布拉斯加州立大学学习，因崇拜格雷厄姆而只身前往纽约，进入哥伦比亚大学商学院，师从格雷厄姆。25 岁以 100 美元与 7 人合伙建立投资公司，迄今身价逾 400 亿美元，两度位列福布斯全球首富。

格雷厄姆和费雪都是巴菲特的老师，他坦承自己的投资理念 85% 来自格雷厄姆，15% 来自费雪。

尽管格雷厄姆和费雪的投资理论是如此不同，但巴菲特却坚信这两种投资方法在投资世界里是可以并行的。

1976 年格雷厄姆去世后，巴菲特继承了格雷厄姆的价值投资法。在早期的投资活动中，巴菲特对格雷厄姆的投资策略和分析方法虔诚之至。但随着时间的推移，巴菲特意识到按格雷厄姆购买廉价股票的策略有时并不奏效，因为你之所以能够以低廉的价格买到符合格雷厄姆检验准则的股票，往往是因为这些公司的基本业务正在遭受损失。而时间是好公司的朋友，是平庸公司的敌人，持有那些虽低廉却平庸的公司未必能够获得很好的收益。

巴菲特吸取了早期投资失败的教训，开始偏离格雷厄姆的严格教诲而向费雪学习。

巴菲特同时倾心于格雷厄姆和费雪是容易理解的，格雷厄姆给了巴菲特有关投资的思考基准——安全边际，并且帮助巴菲特学会了控制情绪以便从市场波动中获利。费雪则教给了巴菲特实际可行的选股方法，使巴菲特能够辨别出好的长期投资标的。格雷厄姆的“安全空间”确保了巴菲特投资的稳健与安全，而费雪的“成长性”又使巴菲特在投资世界里无往不胜，成为价值投资的一代大师。

巴菲特是一个价值投资的伟大实践者，他用自己一生的投资行为证明了价值投资理论的伟大。但是巴菲特却不是一名伟大的学者和理论家，他不像他的两个恩师一样有名著流传于世，他甚至从未系统总结自己的理论。或许是他认为自己的所有理论都已在两位老师的著作中体现，或许是他根本不屑于著书立说，或许他就像是一位世外高人，只愿意将自己的绝世武功传授给嫡传弟子。所幸的是巴菲特在其伯克希尔·哈撒韦公司的股东大会上，每年都要写一封给股东的信，我们也只能从这些信中去感知和领悟大师智慧的光芒。

第二节　价值投资的基本思路

价值投资的关键是要找出具有投资价值的公司，而如何判断一家公司股票是否具有投资价值是相当不容易的，即使对于专业的投资机构来说也是有难度的，对于广大中小散户来说则显得更加困难。但是，在判断公司股票的投资价值上还是有一些基本的思路可以遵循。大体而言，主要按照如下思路进行。

行业前景判断

上市公司数量庞大，仅中国A股市场目前就已经有近3000家，对每一家公司都进行研究是不现实的。这就要求我们的研究必须具有方向性，不能“眉毛胡子一把抓”。而诸多公司所处的行业基本就那么五六十个，首先对行业前景进行判断有助于我们大幅缩小研究范围，仅在前景良好的行业中有针对性地寻找。

判断行业前景，主要是看行业所处的经济周期和生命周期，挑选其中具有良好发展前景的行业，并在这些前景良好的行业中挑选优质的标的。

• 行业的经济周期

看一个行业，首先要了解这个行业的基本特征，看看属于周期性行业还是非周期性行业。

非周期性行业不多，主要有医药、食品饮料等。无论经济环境如何，病了要吃药，饿了要吃食物，渴了要喝饮料，这个基本不会有太大改变。因此非周期性行业中容易走出慢牛、长牛股，这是其行业特点决定的。对于非周期行业，经济周期因素无须过多考虑，而主要关注公司本身的投资价值。

多数行业都属于周期性行业，如证券、房地产、煤炭、钢铁、石油、化工、有色金属等。这些行业受经济周期的影响非常大，在行业景气周期，股票的涨幅往往非常巨大，而一旦行业转淡，跌幅也往往巨大。对于周期性行业，关键是要判断行业的周期性拐点。在行业经历长期萧条、开始底部回升时，意味着良好的投资机会；当行业经历了周期性繁荣、开始拐头向下时，意味着应当及时卖出股票回避风险。然而，判断行业的周期性拐点也是相当困难的。本书第三章提出的“周期性行业拐点判断模型”，试图为行业周期性拐点的判断提供一个可以量化的、相对简单明了的分析模型，以供大家参考。

• 行业的生命周期

行业的生命周期指行业从出现到完全退出社会经济活动所经历的时间。行业的生命发展周期主要包括四个发展阶段：幼稚期、成长期、成熟期、衰退期。最有投资价值的是成长期。

技术进步是行业生命周期发展变化的主要内在因素。比如互联网技术的发展使得信息传播变得方便快捷和成本低廉，对纸质媒体行业的冲击不言而喻；纸质媒体的衰落进而对造纸（新闻纸）行业产生不利影响。数码相机的普及使得胶卷行业日趋没落，等等。

某些新技术的出现和发展，让我们对某些行业的发展前景充满期待。比如电池技术的发展和不断进步让我们对新能源汽车行业以及整个新能源汽车产业链的发展前景预期良好。石墨烯制备技术的不断进步让我们有理由相信相关行业的明天会是灿烂美好的，等等。

简单地说，看一个行业的生命周期主要考察这个行业目前的规模有多大，未来成长的空间还有多大。通俗地说，就是要判断是属于朝阳产业还是夕阳产业。投资要尽量选择行业发展前景广阔的朝阳产业，尽量回避趋于没落的夕阳产业。朝阳产业中具有技术领先优势、管理良好的公司尤其值得关注。当然，最终做出投资决定时还是要落实到投资价值的判断上来。

公司投资价值判断

行业前景的判断是属于相对宏观层面的东西，最终的投资决策还是要落实到公司价值的判断。对某个行业有一个大概认识，可以使我们的分析研究具有方向性，接下来找出拟投资行业中具有投资价值的股票成为首要任务。当然，你也可以考虑购买行业 ETF 基金，以获取行业平均收益，但这与本书的宗旨不符。

公司价值判断的核心是财务报表分析。

谁都知道财务报表分析的重要性，但很多人苦于财务知识缺乏，看不懂财务报表。有些人虽然能看懂财务报表，但是仍然无法通过分析财务报表做出投资价值的判断。这种现象具有普遍性。

财务报表就像公司经营状况的一张“脸”，财务分析高手就像高明的中医一样，可以通过对财务报表的“望闻问切”看出公司的真实经营状况、存在的问题以及发展前景等。

然而，财务报表的内容非常多，一份财务报表少则几十页，多则上百页。但事实上，做投资决策的时候你不可能把方方面面的东西都进行一次细致的分析，而且很多时候你会发现，各种各样的信息总是利好与利空同时并存，这个时候很容易让人感到迷茫，不知如何适从。因此，我们还需要从如此繁杂的内容中提炼出能够真实、集中反映公司价值的核心要素，抓大放小，抓住核心，进而做出明智的决策。

说到这儿，很多人可能对财务报表分析有些望而生畏了。那么，有没有一种方法，可以公式化地解决财务报表分析问题，即使完全不懂财务的人也可以运用自如？答案是肯定的。这也是本书“价值分析”部分重点要解决的问题之一。

在本章最后，笔者还想强调一点，价值投资是基石，不要看了本书后面的章节，认为技术分析更好用，然后将价值分析抛弃了，而去追逐技术分析，那就舍本逐末了。

第二章 公司投资价值分析模型

本章是“价值分析”部分的重点之一，所要解决的问题是如何通过最简单易得的数据快速评估一家公司的投资价值，进而为做出投资决策提供依据。

在第一章中，我们谈了价值投资分析的基本思路，首先是对行业前景做个初步判断，在选定行业的前提下，再有针对性地对该行业的目标公司进行分析，并且强调了公司投资价值判断的核心是财务报表分析。

接下来就具体谈谈如何公式化地解决财务报表分析问题，让完全不懂财务知识的人也可以运用自如。

首先，我们选择的数据来源是：股票软件中的“F10 资料”，包括通常软件中基本都有的“港澳资讯”和“维赛特资讯”（不同股票软件自带的“F10 资料”可能有所不同，但这些数据都是很容易找到的）。个别数据在“F10 资料”中没有的，在“巨潮资讯网”输入公司股票代码后，在“财务指标”项下也可以轻松找到。

笔者认为，评估一个公司的投资价值，应当从行业发展前景、公司管理水平、产品竞争力、估值高低、是否可能存在财务造假等多方面进行评估；同时，应当有相应的可以量化的指标。而财务报表就像公司定期上交的有关经营情况的“答卷”，是公司价值判断的核心。为此，我们通过对财务报表的分析、研究、总结，归纳了可以较好地衡量公司投资价值的十项指标，并给出了这十项指标的评分标准和计算公式。即使完全不懂财务的人也可以套用此法，进而为投资决策提供依据。笔者研究出来的这十项指标未必完美，但应该说抓住了核心，考虑的因素也较为全面，也希望读者能够在实际运用中不断自行完善。

第一节　营业收入增长率评估模型

营业收入增长率 =（营业收入增长额 ÷ 上年营业收入总额）× 100%，是反映企业增长速度的重要指标。当然也可以用本年度截至某季度的营业收入总额与上年度截至相同季度的营业收入总额的差值，除以上年度截至相同季度的营业收入总额，来计算本年度截至某季度的营业收入增长率。营业收入增长率在“F10 港澳资讯——财务分析——发展能力指标”中可以直接查到，不用投资者自己计算。

指标剖析

营业收入增长率是衡量企业经营状况和市场占有能力、预测企业经营发展趋势、评价企业成长状况的重要指标。不断增加的营业收入，是企业生存的基础和发展的条件。

营业收入增长率可以用来衡量公司的产品生命周期，判断公司发展所处的阶段。一般来说，如果营业收入增长率超过 10%，说明公司产品处于成长期，将继续保持较好的增长势头，尚未面临产品更新的风险，属于成长型公司。如果营业收入增长率在5%～10%，说明公司产品已进入稳定期，不久将进入衰退期，需要着手开发新产品。如果该比率低于5%，说明公司产品可能已经开始逐渐进入衰退期，保持市场份额已经很困难，业务利润开始滑坡，如果没有已开发好的新产品，将步入衰落。

评分标准

我们投资的目标是找到那些处于上升期、成长期的公司，那么很显然，我们应该关注那些营业收入增长率超过10%的公司。如果量化打分，那么营业收入增长率达到10%是我们进行投资的起点要求。我们可以将这一起点要求作为基准，给予一个基准分。如果营业收入增长率这一指标的总分定为10分，那么基准分应该是中间值，即5分。如果营业收入增长率低于5%，那就意味着可能即将进入衰退期，这时在这一指标上的得分应该为0分。如果营业收入增长率高于15%，那意味着可能仍将保持高速增长，我们有理由在这个指标的评分中给予满分10分。

为此，我们设计了用以评估公司在营业收入增长率这一指标上得分高低的评分标准：以增长10%为基准计5分；以最近季度（最近季度为四季度时则为最近年度）增长率与10%进行比对，低于10%则每减少1%减1分（四舍五入至整数，下同），直至0分；高于10%则每增加1%加1分，最多至10分。

根据上述评分标准，我们可以推导出相应的分值计算公式。分值计算公式为：5+（最近季度营业收入增长率－10），最高10分，最低0分。

为使读者更容易看明白，也为便于重复使用和计算方便，笔者制作了表2－1。

表2－1　营业收入增长率评估

评分标准	以增长10%为基准计5分；以最近季度（最近季度为四季度时则为最近年度）增长率与10%进行比对，低于10%则每减少1%减1分（四舍五入至整数，下同），直至0分；高于10%则每增加1%加1分，最多至10分
分值计算公式	5＋(最近季度营业收入增长率－10)
数据来源	F10港澳——财务分析——发展能力指标
报告期间	
营业收入增长率%	
得分	

案例分析

假定现在是2016年3月9日，你在2016年3月9日收盘后分析华东医药（000963）的投资价值。截至2016年3月9日，华东医药的最近季度财务报表是2015年3季度报告。华东医药营业收入增长率指标的得分情况如表2－2所示。读者朋友可以以此表为范本，分析自己感兴趣的股票。

表2－2　华东医药营业收入增长率评估（截至2015年三季度报表）

评分标准	以增长10%为基准计5分；以最近季度（最近季度为四季度时则为最近年度）增长率与10%进行比对，低于10%则每减少1%减1分（四舍五入至整数，下同），直至0分；高于10%则每增加1%加1分，最多至10分
分值计算公式	5＋(最近季度营业收入增长率－10)
数据来源	F10港澳——财务分析——发展能力指标
报告期间	2015三季度
营业收入增长率%	13.94
得分	5＋(13.94－10)＝8.94，计9分

第二节　营业利润增长率评估模型

指标剖析

营业利润增长率又称销售利润增长率，是企业本年营业利润增长额与上年营业利润总额的比率。当然也可以用本年度截至某季度的营业利润增长额与上年度截至相同季度的营业利润总额的比率，计算出本年度截至某季度的营业利润增长率。营业利润增长率在“F10 港澳资讯——财务分析——发展能力指标”中可以直接查到，不用自己计算。

营业利润增长率反映企业营业利润的增减变动情况。营业利润增长率高于营业收入增长率，说明企业的盈利能力在增强；营业利润增长率低于营业收入增长率，说明企业的盈利能力在减弱。

评分标准

我们当然希望所投资的公司是盈利能力不断增强的公司，因此仅就营业利润增长率指标而言，笔者认为增长率在 20% 以上的公司是具有投资价值的公司。之所以将标准定在增长率 20% 以上，是由于我们设定的营业收入增长率标准为 10% 以上，我们希望寻找到利润的增长速度能够达到收入增长速度 2 倍的公司。如果量化打分，那么营业利润增长率达到 20% 是我们的起点要求，我们同样以这一起点要求为基准，给予一个基准分。如果营业收入增长率这一指标的总分定为 10 分，那么基准分应该是中间值，即 5 分。如果一家公司的营业利润增长率低于 10%，那么这家公司就没有什么成长性可言了，如果打分，增长率低于10%只能得0分；相反，如果一家公司的营业利润增长率高于30%，那么应该说这家公司的成长性良好，我们有理由在这个指标的评分中给予满分10分。

为此，笔者设计了如下评分标准：以增长20%为基准计5分；以最近季度（最近季度为四季度时则为最近年度）增长率与20%进行比对，低于20%则每减少2%减1分，直至0分；高于20%则每增加2%加1分，最多至10分。

根据上述评分标准，我们可以推导出相应的分值计算公式。分值计算公式为：5+(最近季度营业利润增长率－20)/2，最高10分，最低0分。

为使读者更容易看明白，也为便于重复使用和计算方便，笔者制作了表2－3。

表2－3　营业利润增长率评估

评分标准	以增长20%为基准计5分；以最近季度（最近季度为四季度时则为最近年度）增长率与20%进行比对，低于20%则每减少2%减1分，直至0分；高于20%则每增加2%加1分，最多至10分
分值计算公式	5+(最近季度营业利润增长率－20)/2
数据来源	F10港澳——财务分析——发展能力指标
报告期间	
营业利润增长率%	
得分	

案例分析

假定现在是2016年3月9日，你在2016年3月9日收盘后分析华东医药（000963）的投资价值。截至2016年3月9日，华东医药的最近季度财务报表是2015年3季度报告。华东医药营业利润增长率指标的得分情况如表2－4所示。

表 2-4　华东医药营业利润增长率评估（截至 2015 年三季度报表）

评分标准	以增长 20% 为基准计 5 分；以最近季度（最近季度为四季度时则为最近年度）增长率与 20% 进行比对，低于 20% 则每减少 2% 减 1 分，直至 0 分；高于 20% 则每增加 2% 加 1 分，最多至 10 分
分值计算公式	5 +（最近季度营业利润增长率 - 20）/2
数据来源	F10 港澳——财务分析——发展能力指标
报告期间	2015 三季度
营业利润增长率%	22.10
得分	5 +（22.10 - 20）/2 = 6.05，计 6 分

第三节　毛利率评估模型

毛利率是毛利与销售收入（或营业收入）的百分比，其中毛利是营业收入与营业成本之间的差额。计算公式为：毛利率 =（营业收入 - 营业成本）/营业收入 ×100%。毛利率在“F10 港澳资讯——财务分析——盈利能力指标”中可以直接查到，不用自己计算。

指标剖析

毛利率是公司的重要经营指标，能反映公司产品的竞争力和获利潜力。它反映了企业产品销售的初始获利能力，是企业净利润的起点。在分析企业主营业务的盈利空间和变化趋势时，毛利率也是一个重要指标，该指标可以较好地体现公司某一主要产品或主要业务的盈利状况，对于判断企业核心竞争力的变化趋势及其企业成长性很有帮助。

与历史比较，如果公司的毛利率显著提高，则可能是公司所在行业处于复苏时期，产品价格显著上升。相反，如果公司毛利率显著降低，则可能是公司所在行业竞争激烈，毛利率下降往往伴随着价格战的爆发或成本的失控，这种情况预示产品盈利能力的下降。

由于行业不同，毛利率也是千差万别，而且同一行业的不同企业间也会由于销售策略、品牌效应、研发成本等的不同而出现较大差异。因此，评价毛利率指标只能是公司现在的毛利率水平与过去年度的毛利率水平进行比较，即进行纵向比较，以观察毛利率是在提升还是下降；而同行业不同公司间的横向比较的意义则不大。

评分标准

如果要对毛利率指标进行量化打分，那么笔者认为毛利率保持基本稳定是一个基本要求，为此，可以用过去三年度的平均毛利率作为基准，给予一个基准分。如果毛利率这一指标的总分定为 10 分，那么基准分应该是中间值，即 5 分。如果一家公司的毛利率低于过去三年度的平均毛利率，那么这家公司的产品竞争力和盈利潜力就有下降迹象，后期成长性值得怀疑。如果打分，应该在基准分 5 分的基础上相应扣分，直至 0 分。相反，如果一家公司的毛利率高于过去三年度的平均毛利率，那么应该说这家公司的产品竞争力和盈利潜力仍然保持在较好水平，后期成长性还是值得期待。如果打分，应该在基准分 5 分的基础上相应加分，直至满分 10 分。

为此，笔者设计了如下评分标准：以前三年度平均毛利率为基准计 5 分；以最近季度（最近季度为四季度时则为最近年度）毛利率与前三年度平均毛利率进行比对，低于前三年平均毛利率则每减少 0.5% 减 1 分，直至 0 分；高于最近三年平均毛利率则每增加 0.5% 加 1 分，最多至 10 分。

根据上述评分标准，我们可以推导出相应的分值计算公式。分值计算公式为：5 +（最近季度毛利率 – 前三年度平均毛利率）/0.5，最高10分，最低0分。

为使读者更容易看明白，也为便于重复使用和计算方便，笔者制作了表2－5。

表2－5　毛利率评估

<table>
<tr><td>评分标准</td><td colspan="4">以前三年度平均毛利率为基准计5分；以最近季度（最近季度为四季度时则为最近年度）毛利率与前三年度平均毛利率进行比对，低于前三年平均毛利率则每减少0.5%减1分，直至0分；高于最近三年平均毛利率则每增加0.5%加1分，最多至10分</td></tr>
<tr><td>分值计算公式</td><td colspan="4">5＋(最近季度毛利率－前三年度平均毛利率)/0.5</td></tr>
<tr><td>数据来源</td><td colspan="4">F10港澳——财务分析——盈利能力指标</td></tr>
<tr><td>报告期间</td><td></td><td></td><td></td><td></td></tr>
<tr><td rowspan="2">毛利率%</td><td></td><td></td><td></td><td rowspan="2"></td></tr>
<tr><td colspan="3">三年平均值：</td></tr>
<tr><td>得分</td><td colspan="4"></td></tr>
</table>

案例分析

假定现在是2016年3月9日，你在2016年3月9日收盘后分析华东医药（000963）的投资价值。截至2016年3月9日，华东医药的最近季度财务报表是2015年3季度报告。华东医药毛利率指标的得分情况如表2－6所示。

表2－6　华东医药毛利率评估（截至2015年三季度报表）

<table>
<tr><td>评分标准</td><td colspan="4">以前三年度平均毛利率为基准计5分；以最近季度（最近季度为四季度时则为最近年度）毛利率与前三年度平均毛利率进行比对，低于前三年平均毛利率则每减少0.5%减1分，直至0分；高于最近三年平均毛利率则每增加0.5%加1分，最多至10分</td></tr>
<tr><td>分值计算公式</td><td colspan="4">5＋(最近季度毛利率－前三年度平均毛利率)/0.5</td></tr>
<tr><td>数据来源</td><td colspan="4">F10港澳——财务分析——盈利能力指标</td></tr>
<tr><td>报告期间</td><td>2012年度</td><td>2013年度</td><td>2014年度</td><td>2015三季度</td></tr>
<tr><td rowspan="2">毛利率%</td><td>19.54</td><td>20.20</td><td>21.98</td><td rowspan="2">24.35</td></tr>
<tr><td colspan="3">三年平均值：20.57</td></tr>
<tr><td>得分</td><td colspan="4">5＋(24.35－20.57)/0.5＝12.56，计10分</td></tr>
</table>

第四节　期间费用率评估模型

期间费用是指企业本期发生的、不能直接或间接归入营业成本，而是直接计入当期损益的各项费用，包括营业费用（又称“销售费用”）、管理费用和财务费用等。

期间费用率是指期间费用与营业收入之间的比率。期间费用率不能直接查到，需要自己进行简单计算。计算公式为：期间费用率 =（营业费用 + 管理费用 + 财务费用）/营业收入。其中营业费用、管理费用、财务费用、营业收入的数据在“F10 港澳——财务分析——利润表摘要”中可以查到。

指标剖析

期间费用率能较好地反映公司的费用规模、管控能力、运营水平，是一个用来评估公司经营管理能力及效率的重要指标。

与历史比较，如果公司的期间费用率显著提高，说明公司对期间费用的管控可能出现了问题，内部运营能力及效率有待提高。相反，如果公司期间费用率显著降低，则说明公司的管理能力和效率得到提升，未来的发展值得看好。

由于行业不同，期间费用率差异也较大，同一行业的不同企业间由于各自所处的发展阶段以及历史原因等的不同，也会出现较大差异。因此，评价期间费用率指标，只能是公司现在的期间费用率水平与过去年度进行比较，即进行纵向比较，以观察期间费用率是在提升还是下降；而同行业不同公司间的横向比较的意义则不大。

评分标准

如果要对期间费用率指标进行量化打分，那么笔者认为期间费用率保持基本稳定是一个基本要求，为此，我们可以用过去三年度的平均期间费用率作为基准，给予一个基准分。如果期间费用率这一指标的总分定为10分，那么基准分应该是中间值，即5分。如果一家公司的期间费用率低于过去三年度的平均期间费用率，那么说明这家公司的管理能力和管理效率得到提升，公司未来的发展值得看好。如果打分，应该在基准分5分的基础上相应加分，直至满分10分。相反，如果一家公司的期间费用率高于过去三年度的平均期间费用率，那么应该说这家公司的管理能力和效率正在下降，后期发展可能会遇到管理水平跟不上的问题。如果打分，应该在基准分5分的基础上相应扣分，直至0分。

为此，笔者设计了如下评分标准：以前三年度平均期间费用率为基准计5分；以最近季度（最近季度为四季度时则为最近年度）期间费用率与前三年度平均期间费用率进行比对，高于前三年度平均期间费用率则每增加0.5%减1分，直至0分；低于前三年度平均期间费用率则每减少0.5%加1分，最多至10分。

根据上述评分标准，我们可以推导出相应的分值计算公式。分值计算公式为：5－[（最近季度期间费用率－前三年度平均期间费用率）/0.5]，最高10分，最低0分。

为使读者更容易看明白，也为便于重复使用和计算方便，笔者制作了表2－7。

表 2 -7　期间费用率评估

<table>
<tr><td>评分标准</td><td colspan="4">(1) 期间费用率 = [管理费用 + 营业费用（又称“销售费用”）+ 财务费用] /营业收入
(2) 以前三年度平均期间费用率为基准计 5 分；以最近季度（最近季度为四季度时则为最近年度）期间费用率与前三年度平均期间费用率进行比对，高于前三年度平均期间费用率则每增加 0.5% 减 1 分，直至 0 分；低于前二年度平均期间费用率则每减少 0.5% 加 1 分，最多至 10 分</td></tr>
<tr><td>分值计算公式</td><td colspan="4">5 - [(最近季度期间费用率 - 前三年度平均期间费用率)/0.5]</td></tr>
<tr><td>数据来源</td><td colspan="4">F10 港澳——财务分析——利润表摘要</td></tr>
<tr><td>报告期间</td><td></td><td></td><td></td><td></td></tr>
<tr><td>营业费用（万元）</td><td></td><td></td><td></td><td></td></tr>
<tr><td>管理费用（万元）</td><td></td><td></td><td></td><td></td></tr>
<tr><td>财务费用（万元）</td><td></td><td></td><td></td><td></td></tr>
<tr><td>营业收入（万元）</td><td></td><td></td><td></td><td></td></tr>
<tr><td rowspan="2">期间费用率%</td><td></td><td></td><td></td><td rowspan="2"></td></tr>
<tr><td colspan="3">三年平均值：</td></tr>
<tr><td>得分</td><td colspan="4"></td></tr>
</table>

案例分析

假定现在是 2016 年 3 月 9 日，你在 2016 年 3 月 9 日收盘后分析华东医药（000963）的投资价值。截至 2016 年 3 月 9 日，华东医药的最近季度财务报表是 2015 年 3 季度报告。华东医药期间费用率指标的得分情况如表 2 -8 所示。

表 2 -8　华东医药期间费用率评估（截至 2015 年三季度报表）

评分标准	(1) 期间费用率 = [管理费用 + 营业费用(又称“销售费用”) + 财务费用]/营业收入 (2) 以前三年度平均期间费用率为基准计 5 分；以最近季度（最近季度为四季度时则为最近年度）期间费用率与前三年度平均期间费用率进行比对，高于前三年度平均期间费用率则每增加 0.5% 减 1 分，直至 0 分；低于前三年度平均期间费用率则每减少 0.5% 加 1 分，最多至 10 分
分值计算公式	5 - [(最近季度期间费用率 - 前三年度平均期间费用率)/0.5]
数据来源	F10 港澳——财务分析——利润表摘要

续表

报告期间	2012 年度	2013 年度	2014 年度	2015 三季度
营业费用（万元）	143769.53	173974.74	212794.83	207617.31
管理费用（万元）	42387.49	50444.51	61828.87	45067.05
财务费用（万元）	13630.67	12141.64	15404.11	15159.55
营业收入（万元）	1457923.04	1671798.64	1894737.91	1615635.79
期间费用率%	13.70	14.15	15.31	16.58
	三年平均值：14.39			
得分	5－[（16.58－14.39）/0.5]＝0.62，计1分			

第五节　存货周转率评估模型

指标获取

存货周转率是企业一定时期销货成本与平均存货余额的比率。用于反映存货的周转速度，即存货的流动性及存货资金占用量是否合理，促使企业在保证生产经营连续性的同时，提高资金的使用效率，增强企业的短期偿债能力。

存货周转率在“F10 港澳——财务分析——运营能力指标”及“巨潮资讯网——财务指标——公司综合能力指标”中可以查到，但存货周转率存在不同统计周期的数值，无法进行直接比对，因此，为了使进行比对的统计周期保持一致，我们需要进行一定的周期换算。比如，三季度的存货周转率数值无法与之前年度的存货周转率数值直接进行比对，因为统计周期不一致。如果我们统一以“年”为周期进行比对，那么这时就需要将第三季度的存货周转率进行年化，计算其年化存货周转率，然后再与之前年度的存货周转率进行比对；当然，计算年化存货周转率包含了一定的预测成分。因此，当最近季度的财务报表不是第四季度报表（即年度报表）时，最近季度的年化存货周转率就需要自己进行简单计算。

计算公式为：最近季度的年化存货周转率 = 上年度存货周转率 × 最近季度存货周转率/上一年度同季度存货周转率。

指标剖析

存货周转率是企业营运能力分析的重要指标之一，是衡量和评价企业购入存货、投入生产、销售收回等各环节管理状况的综合性指标。一般来讲，存货周转速度越快，存货的占用水平越低，流动性越强，存货转换为现金或应收账款的速度越快。存货周转率体现了企业生产经营各环节中存货的运营效率，可以反映企业存货管理水平的高低，影响企业的短期偿债能力，是整个企业管理的一项重要内容。

由于行业不同，存货周转率差异也较大，同一行业的不同企业间由于经营策略、客户群体等的不同，也会出现较大差异。因此，评价存货周转率指标只能是公司现在的存货周转率水平与过去年度进行比较，即进行纵向比较，以观察存货周转率是在提升还是下降；而同行业不同公司间的横向比较的意义不大。

评分标准

如果要对存货周转率指标进行量化打分，那么笔者认为存货周转率保持基本稳定是一个基本要求，为此，可以用过去三年的平均存货周转率作为基准，给予一个基准分。如果存货周转率这一指标的总分定为 10 分，那么基准分应该是中间值，即 5 分。如果一家公司的存货周转率低于过去三年的平均存货周转率，那么说明这家公司的存货管理水平和短期偿债能力可能在下降，不利于公司未来发展。如果打分，应该在基准分5分的基础上相应扣分，直至0分。相反，如果一家公司的存货周转率高于过去三年的平均值，那么应该说这家公司的存货管理水平和短期偿债能力得到加强，有利于公司未来发展。如果打分，应该在基准分5分的基础上相应加分，直至满分10分。

为此，笔者设计了如下评分标准：以前三年度平均存货周转率为基准计5分，以最近季度的年化存货周转率（最近季度为四季度时则为最近年度存货周转率）与前三年度平均存货周转率进行比对，每提高2%加1分，最多至10分；每降低2%减1分，直至0分。

根据上述评分标准，我们可以推导出相应的分值计算公式。分值计算公式为：5+(最近季度的年化存货周转率－前三年度平均存货周转率)/前三年度平均存货周转率×100/2，最高10分，最低0分。

为使读者更容易看明白，也为便于重复使用和计算方便，笔者制作了表2－9。

表2－9　存货周转率评估

<table>
<tr><td>评分标准</td><td colspan="5">(1) 最近季度的年化存货周转率＝上年度存货周转率×最近季度存货周转率/上一年度同季度存货周转率
(2) 以前三年度平均存货周转率为基准计5分，以最近季度的年化存货周转率（最近季度为四季度时则为最近年度存货周转率）与前三年度平均存货周转率进行比对，每提高2%加1分，直至10分；每降低2%减1分，直至0分</td></tr>
<tr><td>分值计算公式</td><td colspan="5">5+(最近季度的年化存货周转率－前三年度平均存货周转率)/前三年度平均存货周转率×100/2</td></tr>
<tr><td>数据来源</td><td colspan="5">F10港澳——财务分析——运营能力指标；巨潮资讯网——财务指标——公司综合能力指标</td></tr>
<tr><td>报告期间</td><td></td><td></td><td></td><td></td><td></td></tr>
<tr><td rowspan="2">存货周转率%</td><td></td><td></td><td></td><td></td><td></td></tr>
<tr><td colspan="3">三年平均值：</td><td colspan="2">年化存货周转率：</td></tr>
<tr><td>得分</td><td colspan="5"></td></tr>
</table>

案例分析

假定现在是2016年3月9日，你在2016年3月9日收盘后分析华东医药（000963）的投资价值。截至2016年3月9日，华东医药的最近季度财务报表是2015年3季度报告。华东医药存货周转率指标的得分情况如表2－10所示。

表2－10 华东医药存货周转率评估（截至2015年三季度报表）

<table>
<tr><td>评分标准</td><td colspan="5">（1）最近季度的年化存货周转率＝上年度存货周转率×最近季度存货周转率/上一年度同季度存货周转率
（2）以前三年度平均存货周转率为基准计5分，以最近季度的年化存货周转率（最近季度为四季度时则为最近年度存货周转率）与前三年度平均存货周转率进行比对，每提高2%加1分，直至10分；每降低2%减1分，直至0分</td></tr>
<tr><td>分值计算公式</td><td colspan="5">5＋（最近季度的年化存货周转率－前三年度平均存货周转率）/前三年度平均存货周转率×100/2</td></tr>
<tr><td>数据来源</td><td colspan="5">F10港澳——财务分析——运营能力指标；巨潮资讯网——财务指标——公司综合能力指标</td></tr>
<tr><td>报告期间</td><td>2012年度</td><td>2013年度</td><td>2014年度</td><td>2015三季度</td><td>2014三季度</td></tr>
<tr><td rowspan="2">存货周转率%</td><td>8.90</td><td>8.22</td><td>8.38</td><td>5.97</td><td>6.54</td></tr>
<tr><td colspan="3">三年平均值：8.5</td><td colspan="2">年化存货周转率：7.65</td></tr>
<tr><td>得分</td><td colspan="5">5＋(7.65－8.5)/8.5×100/2＝0，计0分</td></tr>
</table>

第六节 每股经营性现金流量评估模型

每股经营现金流量是反映每股发行在外的普通股票所平均占有的现金流量，或者说是反映公司为每一股普通股获取的现金流入量的指标。每股经营现金流量＝（公司经营活动的现金流入－经营活动的现金流出）/总股本。每股经营现金流量在“F10港澳——财务分析——主要财务指标”中可以直接查到。

指标剖析

每股经营现金流被誉为最具实质意义的财务指标，其用来反映该公司经营流入的现金多少，常被用来衡量公司的盈利质量。如果一家公司的每股收益很高，或者每股未分配利润也很高，但若现金流差的话，意味该公司没有足够的现金来保障股利的分派，那只是报表上的数字而已，没有多少实际意义。因此，许多投资者，包括一些知名学者以及执业注册会计师在内，总是不厌其烦地强调现金流量的重要性。

如果每股收益远高于每股经营现金流量，说明公司当期销售形成的利润多为账面利润，没有在当期为公司带来真金白银，即利润或每股收益的质量较差，说得严重点，可能是虚假繁荣。导致这一现象的主要原因通常有两个，一是公司销售回款速度慢，卖出货后没收回钱，通常体现为应收账款的大幅增加；二是存货出现积压，大量采购来的原材料尚未形成产品或产品尚未销售，通常体现为存货周转率的快速下降。当然，还可能因购买固定资产等支出较大、交易性金融资产或者采用公允价值计量的投资性房地产形成的公允价值损益，导致利润增加而没有相应的现金流量。

如果我们发现连续两个季度以上的每股现金流量都明显低于每股收益，甚至连续两个季度为负，这就很难不让投资者担心公司业务正在遭受压力甚至出现危机。连续多个季度每股经营现金流量表现不佳的结果可能导致公司运营资金吃紧，往往预示着未来每股收益将走低。相反，如果每股经营现金流量连续高于每股收益，则预示着未来每股收益将增长，因为多数时候是由于一些还未计入收入但已签单收到现金（定金）带来的，未来这些销售正式入账后将会增加每股收益。因此，看公司业绩不能只看每股收益，还须看每股经营现金流量是否与之匹配，这个指标经常能揭示公司未来业绩的走向。

每股经营现金流量这个指标的确很重要，但笔者认为过于重视这一指标也是没有必要的，因为很多公司在高速扩张期的时候也经常出现每股经营性现金流量为负值的情形。还有，一家公司的每股经营现金流量在某个季度突然减少，但在之后的一个季度又马上恢复正常等情况也经常见到，这种情况不应视作异常。当然，如果一家公司连续两个季度每股经营现金流量为负值，确实是值得让人警惕的，其中可能蕴藏的风险包括但不限于：过度扩张的风险，应收账款不能及时收回产生坏账的风险，财务做假账、虚增利润的风险，等等，总之情况不是那么妙。

评分标准

如果要对每股经营现金流量指标进行量化打分，那么笔者认为每股经营现金流量与每股收益是否相匹配是衡量的重要标准。由于单个季度的每股经营现金流量经常波动较大，经常与当季度的每股收益不相匹配；为此，我们可以用过去三年每股经营现金流量之和与过去三年的每股收益之和进行比对，以过去三年的每股收益之和作为基准，给予一个基准分。如果每股经营现金流量这一指标的总分定为 10 分，那么基准分应该是中间值，即 5 分。如果一家公司过去三年的每股经营现金流量之和低于过去三年的平均每股收益之和，那么说明这家公司的盈利质量可能不佳，未来每股收益可能下降，对公司未来发展的影响负面。如果打分，应该在基准分 5 分的基础上相应扣分，直至 0 分。相反，如果一家公司过去 3 年的每股经营现金流量之和高于过去三年的平均每股收益之和，那么应该说这家公司的盈利质量较好，未来每股收益有望继续增加，对公司未来发展的影响正面。如果打分，应该在基准分5分的基础上相应加分，直至满分10分。如果一家公司连续两个季度每股经营现金流量为负值，那么其经营状况存在让人担忧的因素，应直接计为0分，而不再考虑其他因素。

为此，笔者设计了如下评分标准：（1）以最近三年每股收益之和为基准计5分；以最近三年每股经营性现金流量之和与最近三年每股收益之和进行比对，每增加4%加1分，最多10分；每减少4%扣1分，直至0分。（2）每股经营性现金流量在最近两个季度连续为负时直接计为0分，不用考虑其他因素。

根据上述评分标准，可以推导出相应的分值计算公式。分值计算公式为：5+[（最近三年每股经营性现金流量之和－最近三年每股收益之和）/最近三年每股收益之和]×100/4，最高10分，最低0分。

为使读者更容易看明白，也为便于重复使用和计算方便，笔者制作了表2－11。

表2－11　每股经营现金流量评估

<table>
<tr><td>评分标准</td><td colspan="5">（1）以最近三年每股收益之和为基准计5分；以最近三年每股经营性现金流量之和与最近三年每股收益之和进行比对，每增加4%加1分，最多10分；每减少4%扣1分，直至0分
（2）每股经营性现金流量在最近两个季度连续为负时直接计为0分，不再考虑其他因素</td></tr>
<tr><td>分值计算公式</td><td colspan="5">5+[（最近三年每股经营性现金流量之和－最近三年每股收益之和）/最近三年每股收益之和]×100/4</td></tr>
<tr><td>数据来源</td><td colspan="5">F10港澳——财务分析——主要财务指标</td></tr>
<tr><td>报告期间</td><td></td><td></td><td></td><td></td><td></td></tr>
<tr><td rowspan="2">每股收益（元）</td><td></td><td></td><td></td><td rowspan="2">/</td><td rowspan="2">/</td></tr>
<tr><td colspan="3">三年之和：</td></tr>
<tr><td rowspan="2">每股经营性现金流量（元）</td><td colspan="4"></td><td></td></tr>
<tr><td colspan="3">三年之和：</td><td colspan="2">是否最近两个季度连续为负：</td></tr>
<tr><td>得分</td><td colspan="5"></td></tr>
</table>

案例分析

假定现在是2016年3月9日，你在2016年3月9日收盘后分析华东医药（000963）的投资价值。截至2016年3月9日，华东医药的最近季度财务报表是2015年3季度报告。华东医药每股经营现金流量指标的得分情况如表2－12所示。

表2－12　华东医药每股经营现金流量评估（截至2015年三季度报表）

<table>
<tr><td>评分标准</td><td colspan="5">（1）以最近三年每股收益之和为基准计5分；以最近三年每股经营性现金流量之和与最近三年每股收益之和进行比对，每增加4%加1分，最多10分；每减少4%扣1分，直至0分
（2）每股经营性现金流量在最近两个季度连续为负时直接计为0分，不再考虑其他因素</td></tr>
<tr><td>分值计算公式</td><td colspan="5">5＋[（最近三年每股经营性现金流量之和－最近三年每股收益之和）/最近三年每股收益之和]×100/4</td></tr>
<tr><td>数据来源</td><td colspan="5">F10港澳——财务分析——主要财务指标</td></tr>
<tr><td>报告期间</td><td>2012年度</td><td>2013年度</td><td>2014年度</td><td>2015三季度</td><td>2015二季度</td></tr>
<tr><td rowspan="2">每股收益（元）</td><td>1.08</td><td>1.32</td><td>1.74</td><td rowspan="2">/</td><td rowspan="2">/</td></tr>
<tr><td colspan="3">三年之和：4.14</td></tr>
<tr><td rowspan="2">每股经营性现金流量（元）</td><td>1.48</td><td>1.10</td><td>1.71</td><td>－0.08</td><td>2.01</td></tr>
<tr><td colspan="3">三年之和：4.29</td><td colspan="2">是否最近两个季度连续为负：否</td></tr>
<tr><td>得分</td><td colspan="5">5＋[（4.29－4.14）/4.14]×100/4＝5.91，记6分</td></tr>
</table>

第七节　加权净资产收益率评估模型

指标获取

净资产收益率又称“股东权益报酬率”“净资产利润率”等，是公司税后利润除以净资产得到的百分比，因计算方法不同，可分为全面摊薄净资产收益率和加权平均净资产收益率。

全面摊薄净资产收益率强调年末状况，是一个静态指标。而加权平均净资产收益率强调经营期间净资产赚取利润的结果，是一个动态指标，可以较好地体现公司利用单位净资产创造利润能力的大小，有助于投资者对公司未来的盈利能力做出判断。本书采用加权平均净资产收益率指标，简称“加权净资产收益率”。

加权净资产收益率在“F10 维赛特——最新动态”中可以查到，但加权净资产收益率存在着不同统计周期间的数值无法进行直接比对的问题，因此，为了使进行比对的统计周期保持一致，我们需要进行一定的周期换算。加权净资产收益率一般以年为周期进行衡量。如果最近财务报表是三季度报表，那么三季度的加权净资产收益率数值就无法与以年度为衡量周期的数值直接进行比对，因为统计周期不一致。这时就需要将第三季度的加权净资产收益率进行年化，计算其年化加权净资产收益率，然后再与以年度为衡量周期的数值进行比对；当然计算年化加权净资产收益率包含了一定的预测成分。因此，当最近季度的财务报表不是第四季度报表（即年度报表）时，最近季度的年化加权净资产收益率就需要自己进行简单的计算。

计算公式为：最近季度的年化加权净资产收益率 = 上年度加权净资产收益率 × 最近季度加权净资产收益率/上一年度同季度加权净资产收益率。

加权净资产收益率指标是一个综合性很强的指标，是衡量公司盈利能力、股东资金使用效率的重要指标。加权净资产收益率指标值越高，说明自有资本获得净收益的能力越强。

评分标准

通常而言，一家优秀的成长型公司的加权净资产收益率应该保持在每年15%以上。我们投资的目标是找到那些优秀的成长型公司，那么很显然，我们应该关注那些加权净资产收益率超过15%的公司。如果量化打分，那么加权净资产收益率达到15%是我们进行投资的起点要求，可以将这一起点要求作为基准，给予一个基准分。如果加权净资产收益率这一指标的总分定为10分，那么基准分应该是中间值，即5分。如果加权净资产收益率低于10%，那么就不符合我们的选择优秀成长股的标准，这时该指标直接计为0分；如果加权净资产收益率高于20%，那意味着公司以自有资本获取收益的能力足够强，我们有理由在这个指标的评分中给予满分10分。

为此，我们设计了如下评分标准：以15%为基准计5分，以最近季度的年化加权净资产收益率与15%进行比对，每增加1%加1分，最多10分；每减少1%减1分，直至0分。

根据上述评分标准，我们可以推导出相应的分值计算公式。分值计算公式为：5+(年化加权净资产收益率－15)，最高10分，最低0分。

为使读者更容易看明白，也为便于重复使用和计算方便，笔者制作了表2－13。

表2－13　加权净资产收益率评估

<table>
<tr><td>评分标准</td><td colspan="3">(1) 最近季度的年化加权净资产收益率＝上年度加权净资产收益率×最近季度加权净资产收益率/上一年度同季度加权净资产收益率
(2) 以15%为基准计5分，以最近季度的年化加权净资产收益率与15%进行比对，每增加1%加1分，最多10分；每减少1%减1分，直至0分</td></tr>
<tr><td>分值计算公式</td><td colspan="3">5+(年化加权净资产收益率－15)</td></tr>
<tr><td>数据来源</td><td colspan="3">F10维赛特——最新动态</td></tr>
<tr><td>报告期间</td><td></td><td></td><td></td></tr>
<tr><td rowspan="2">加权净资产收益率%</td><td></td><td></td><td></td></tr>
<tr><td colspan="3">年化加权净资产收益率：</td></tr>
<tr><td>得分</td><td colspan="3"></td></tr>
</table>

案例分析

假定现在是2016年3月9日，你在2016年3月9日收盘后分析华东医药（000963）的投资价值。截至2016年3月9日，华东医药的最近季度财务报表是2015年3季度报告。华东医药加权净资产收益率指标的得分情况如表2－14所示。

表2－14 华东医药加权净资产收益率评估（截至2015年三季度报表）

<table>
<tr><td>评分标准</td><td colspan="3">（1）最近季度的年化加权净资产收益率＝上年度加权净资产收益率×最近季度加权净资产收益率/上一年度同季度加权净资产收益率
（2）以15%为基准计5分，以最近季度的年化加权净资产收益率与15%进行比对，每增加1%加1分，最多10分；每减少1%减1分，直至0分</td></tr>
<tr><td>分值计算公式</td><td colspan="3">5＋(年化加权净资产收益率－15)</td></tr>
<tr><td>数据来源</td><td colspan="3">F10维赛特——最新动态</td></tr>
<tr><td>报告期间</td><td>2014年度</td><td>2015三季度</td><td>2014三季度</td></tr>
<tr><td rowspan="2">加权净资产收益率%</td><td>30.34</td><td>36.97</td><td>21.15</td></tr>
<tr><td colspan="3">年化加权净资产收益率：53.03</td></tr>
<tr><td>得分</td><td colspan="3">5＋(53.03－15)＝43.03，计10分</td></tr>
</table>

第八节 总资产报酬率评估模型

指标获取

总资产报酬率又称“资产所得率”，是指企业一定时期内获得的报酬总额与资产平均总额的比率。它表示企业包括净资产和负债在内的全部资产的总体获利能力，用以评价企业运用全部资产的总体获利能力，是评价企业资产运营效益的重要指标。

总资产报酬率在“巨潮资讯网——财务指标——公司综合能力指标”中可以查到，但总资产报酬率存在着不同统计周期间的数值无法进行直接比对的问题，因此，为了使进行比对的统计周期保持一致，我们需要进行一定的周期换算。总资产报酬率一般以年为周期进行衡量。如果最近财务报表是三季度报表，那么三季度的总资产报酬率数值就无法与以年度为衡量周期的数值直接进行比对，因为统计周期不一致。这时就需要将第三季度的总资产报酬率进行年化，计算其年化总资产报酬率，然后再与以年度为衡量周期的数值进行比对；当然计算年化总资产报酬率包含了一定的预测成分。因此，当最近季度的财务报表不是第四季度报表（即年度报表）时，最近季度的年化总资产报酬率就需要自己进行简单的计算。

计算公式为：最近季度的年化总资产报酬率 = 上年度总资产报酬率 × 最近季度总资产报酬率/上一年度同季度总资产报酬率。

总资产报酬率表示企业全部资产获取收益的水平，能较全面地反映企业的获利能力和投入产出状况。一般情况下，企业可据此指标与市场资本利率进行比较，如果该指标大于市场利率，则表明企业可以利用财务杠杆进行负债经营，获取尽可能多的收益。该指标越高，表明企业投入产出的水平越好，企业的资产运营越有效。

评分标准

如果我们以一年期贷款基准利率作为衡量总资产报酬率高低的标准，那么总资产报酬率低于一年期贷款基准利率是我们不能接受的。也就是说，如果打分，总资产报酬率低于一年期贷款基准利率应该得 0 分。截至 2016 年 3 月 9 日，中国人民银行公布的最新一年期贷款基准利率为 4.35%，由于实际的贷款利率往往会比基准利率高一点，我们不妨以总资产报酬率低于5%为0分。如果一家公司的总资产报酬率能达到一年期基准利率的2倍，那么应该说这家公司的总资产运营效益足够高，我们有理由该项指标给予满分。

为此，我们设计了如下评分标准：以5%为基准计0分，以最近季度的年化总资产报酬率与5%进行比对，每增加0.5%加1分，最多10分；每减少0.5%减1分，直至0分。

根据上述评分标准，我们可以推导出相应的分值计算公式。分值计算公式为：(最近季度年化总资产报酬率-5)/0.5，最高10分，最低0分。

为使读者更容易看明白，也为便于重复使用和计算方便，笔者制作了表2-15。

表2-15　总资产报酬率评估

<table>
<tr><td>评分标准</td><td colspan="3">（1）最近季度的年化总资产报酬率=上年度总资产报酬率×最近季度总资产报酬率/上一年度同季度总资产报酬率
（2）以5%为基准计0分，以最近季度年化总资产报酬率（最近季度为四季度则为最近年度总资产报酬率）与5%进行比对，每增加0.5%加1分，最多10分；每降低0.5%扣1分，直至0分</td></tr>
<tr><td>分值计算公式</td><td colspan="3">(最近季度年化总资产报酬率-5)/0.5</td></tr>
<tr><td>数据来源</td><td colspan="3">巨潮资讯网——财务指标——公司综合能力指标</td></tr>
<tr><td>报告期间</td><td></td><td></td><td></td></tr>
<tr><td rowspan="2">总资产报酬率%</td><td></td><td></td><td></td></tr>
<tr><td colspan="3">年化总资产报酬率：</td></tr>
<tr><td>得分</td><td colspan="3"></td></tr>
</table>

案例分析

假定现在是2016年3月9日，你在2016年3月9日收盘后分析华东医药（000963）的投资价值。截至2016年3月9日，华东医药的最近季度财务报表是2015年3季度报告。华东医药总资产报酬率指标的得分情况如表 2－16 所示。

表 2－16　华东医药总资产报酬率评估（截至 2015 年三季度报表）

评分标准	（1）最近季度的年化总资产报酬率 = 上年度总资产报酬率 × 最近季度总资产报酬率/上一年度同季度总资产报酬率 （2）以 5% 为基准计 0 分，以最近季度年化总资产报酬率（最近季度为四季度则为最近年度总资产报酬率）与 5% 进行比对，每增加 0.5% 加 1 分，最多 10 分；每降低 0.5% 扣 1 分，直至 0 分		
分值计算公式	（最近季度年化总资产报酬率 －5）/0.5		
数据来源	巨潮资讯网——财务指标——公司综合能力指标		
报告期间	2014 年度	2015 三季度	2014 三季度
总资产报酬率%	9.07	9.11	6.46
	年化总资产报酬率：12.79		
得分	（12.79 －5）/0.5 =15.58，计 10 分		

第九节　市净率评估模型

指标剖析

市净率指的是每股股价与每股净资产的比率。市净率是一个估值指标，与本章前面八节所介绍的财务指标不同。市净率与本章第十节要讲“动态市盈率相对盈利增长比率”（PEG）都是估值指标，但两者在使用时侧重点有所不同。

一般来说，上市公司的每股内含净资产值高而每股市价不高的股票，即市净率越低的股票，其投资价值越高；相反，市净率越高的股票，其投资价值就越小。

- **市净率 VS 市盈率**

股票净值是决定股票市场价格走向的主要根据之一。尤其是对于周期性行业的股票来说，市净率是一个比市盈率更为可靠的指标。周期性行业的股票每股收益伴随行业景气度可能有极大波动，在行业萧条期，市盈率往往会很高，上百倍也很常见；在行业繁荣期，市盈率可能十倍都不到。若遇上行业极不景气，公司出现亏损，市盈率更是无从谈起。对于此类个股，利用市盈率估值相当困难。

这时候，市净率指标就非常具有参考价值了。毕竟，无论行业景气与否，上市公司的每股净资产一般不会出现大幅波动，盈利多则每股净资产增加得快一些，盈利少时每股净资产增加得慢一些，亏损时每股净资产下降幅度一般也不会太大。正因为每股净资产波动不大，所以市净率波动也相对较小，因此用市净率对周期性行业股票进行估值更具参考价值。

当然，对于持有的金融类、证券类资产比重较大的上市公司，也会经常面临净资产波动较大的问题。这类公司股票的市净率水平不能给得太高，因为这些资产已经在证券市场经历过一次“放大效应”了。

投资界常常会在牛市推崇市盈率，到熊市则往往拿市净率说事。历史经验表明，一些跌破净资产的股票往往会表现为较小的投资风险，而在行情启动之时，也具有较好的价值回归动力。

- **计算方法**

市净率需要根据每股股价与每股净资产自己进行计算。最近季度的每股净资产在“F10 维赛特——财务分析——主要财务指标”中可以查到，但还须看公司在最近季度报告期后有无融资情形。如果存在融资导致每股净资产发生变动的情形，必须将尚未纳入报表的融资情形一并予以考虑，并根据融资情况计算变动后的每股净资产。

计算公式为：融资变动后的每股净资产 =（融资股数 × 每股融资价格 + 最近季度股东权益）/总股本。

评分标准

如果要对市净率进行打分，笔者认为市净率 3 倍处于合理估值的中枢，因此以 3 倍市净率为基准，给予一个基准分。如果市净率这一指标的总分定为 10 分，那么基准分应该是中间值，即 5 分。如果市净率低于 1 倍，我们认为估值可能偏低，可能具有良好的投资价值，因此有理由该指标给予满分 10 分。如果市净率高于 5 倍，我们认为估值可能偏高，给予 0 分或者负分。

- **估值指标：主辅之分**

在估值指标中会出现负分的情形，这是与本章前面八节所讲的财务指标的重大区别之处。本章介绍的十项指标中，市净率和动态市盈率相对盈利增长比率（PEG）都是估值指标，笔者在设计评分标准时都会出现分值为负的情形。其中的道理很简单：即使公司的基本面再好，估值总有到头的时候。也就是说，好公司不等于好股票，基本面非常优秀的公司可能因过高的估值而失去投资价值。因为股价太贵了！

但是，估值指标只能选定其中一个作为主要估值指标，而以另一个作为辅助指标。如果选择市净率作为主要的估值指标，那么 PEG 指标只能作为辅助估值指标；相反，如果选择 PEG 指标作为主要的估值指标，那么市净率就只能作为辅助估值指标。一旦选定了主要估值指标，那么另一个辅助估值指标的使用方法就跟财务指标一样了，也就是只能在 0 ~ 10 分之间取分值，而不能与主要估值指标一样可以出现分值为负的情形。理由是：两种估值指标都有相当的合理性，都是可以单独使用的；如果允许两种指标同时出现分值为负的情形，那么就会存在重复扣分的问题。因为股价不断上涨的过程中，市净率和PEG值会同时变高，如果既以市净率指标进行无下限的扣分，同时又以PEG指标进行无下限的扣分，那么相当于一次股价上涨以不同的估值指标扣了两次分，这显然是不合理的。因此，按照选定的其中一种主要估值指标不设分值下限（可以为负值）进行扣分即可。

- **主要指标的选择标准**

那么问题来了，究竟该选谁作为主要的估值指标呢？笔者认为应遵循如下原则。

（1）周期性行业以市净率为主要估值指标，以PEG指标为辅助估值指标；非周期性行业以PEG指标作为主要估值指标，以市净率为辅助估值指标。

（2）业绩亏损的公司以市净率为主要估值指标，PEG指标的得分直接计为0分。

（3）不易区分是否属于周期性行业的公司（如既有周期性行业的业务，又有非周期性行业的业务的公司等），以市净率和PEG指标中两者得分较高者为主要估值指标。

- **分值设计**

主要估值指标的分值上限是10分，无下限（随着股价的上涨可以变为负值）；辅助估值指标的分值上限是10分，下限是0分，与财务指标的分值区间一致。

为此，我们设计了如下评分标准：市净率 = 现在股价/每股净资产，以3倍为基准得5分，每降低0.4倍加1分，最多10分；每提高0.4倍扣1分，并根据上述原则确定是以市净率为主要估值指标，还是以 PEG 为主要指标。

根据上述评分标准，我们可以推导出相应的分值计算公式。分值计算公式为：5 - [(市净率 - 3)/0.4]，最高 10 分，确定为主要估值指标时低分不设下限（可以为负分），确定为辅助估值指标时最低为 0 分。

为使读者更容易看明白，也为便于重复使用和计算方便，笔者制作了表 2 - 17。

表 2 - 17　市净率评估

评分标准	(1) 市净率 = 现在股价/每股净资产，以 3 倍为基准得 5 分，每降低 0.4 倍加 1 分，最多 10 分；每提高 0.4 倍扣 1 分，并根据相关原则确定主、辅指标 如果确定以市净率为主要估值指标，则市净率分值无下限（可以为负值），如果确定以 PEG 指标为主要估值指标，则市净率分值最低 0 分 (2) 每股净资产必须考虑最近有无融资尚未纳入报表的情形，融资变动后的每股净资产 = (融资股数 × 每股融资价格 + 最近季度股东权益) / 总股本
分值计算公式	5 - [(市净率 - 3) /0.4]
数据来源	F10 维赛特——财务分析——主要财务指标，以及最新动态
报告期间	
现股价（元）	
每股净资产（元）	
融资未入报表	若无，无须理会；若有，基本情况
股东权益（万元）	
最新总股本（万股）	
变动后每股净资产	
市净率	
得分	

案例分析

假定现在是 2016 年 3 月 9 日，你在 2016 年 3 月 9 日收盘后分析华东医药（000963）的投资价值。截至 2016 年 3 月 9 日，华东医药的最近季度财务报表是2015年3季度报告。华东医药市净率指标的得分情况如表2－18所示。

表2－18　华东医药市净率评估

评分标准	(1) 市净率＝现在股价/每股净资产，以3倍为基准得5分，每降低0.4倍加1分，最多10分；每提高0.4倍扣1分，并根据相关原则确定主、辅指标 如果确定以市净率为主要估值指标，则市净率分值无下限（可以为负值），如果确定以PEG指标为主要估值指标，则市净率分值最低0分 (2) 每股净资产必须考虑最近有无融资尚未纳入报表的情形，融资变动后的每股净资产＝(融资股数×每股融资价格＋最近季度股东权益)/总股本
分值计算公式	5－[(市净率－3)/0.4]
数据来源	F10维赛特——财务分析——主要财务指标，以及最新动态
报告期间	2015三季度
现股价（元）	70.00
每股净资产（元）	6.46
融资未入报表	2016年2月5日完成非公开发行51998217股，发行价格67.31元
股东权益（万元）	280189.50
最新总股本（万股）	48605.82
变动后每股净资产	(51998217×67.31＋2801895000)/486058200＝12.97
市净率	70/12.97＝5.40
得分	5－［(5.4－3)/0.4］＝－1，计－1分

第十节　动态市盈率相对盈利增长比率（PEG）评估模型

指标剖析

市盈率相对盈利增长比率（PEG指标）是用公司的市盈率除以公司的盈利增长速度。与市净率一样，PEG指标也是一个估值指标，但两者在使用时侧重点有所不同。

● **所选指标的差异**

须要特别说明的是，本书所说的PEG指标与通常所说的PEG指标有所不同。本书所说的PEG指标是指动态市盈率相对过去三年的盈利增长率平均值的比值，而通常所说的PEG指标是指动态市盈率与未来三年的盈利增长率预估值得出的比值。也就是说，本书所说的PEG指标，除了动态市盈率可能存在一定的预测成分外（最近季度报表为4季度报表时没有预测成分），盈利增长率用的是过去三年的平均值，没有预测的成分。而通常所说的PEG指标，市盈率和未来盈利增长率都是预估的。

本书之所以不采用通常的PEG指标计算方法，是因为对未来的盈利预测经常不准，有时与实际情况的差距还非常离谱。笔者认为，将一个估值指标建立在很难做到准确（甚至连相对准确都很难做到）的预估值之上是不严谨的，因此，经常会出现很不靠谱的现象。笔者还认为，投资应该包含对未来的预期，但投资更应该以一种脚踏实地的精神为基础，而通过公司过去的表现及现状来预测公司未来的发展前景则相对务实得多。因此，本书本着脚踏实地的精神，以务实的态度，将盈利增长率的取值定为过去三年盈利的平均增长率，以尽可能地减少预测的成分，同时又能较为合理地体现公司的估值。

大致而言，PEG值越低，股价被低估的可能性越大，相应的投资价值就可能越大；相反，PEG值越高，股价被低估的可能性越小，相应的投资价值就可能越小。

● **指标计算方法**

PEG指标需要自己进行计算，具体的计算公式为：

PEG = 动态市盈率/过去三年平均净利润增长率

动态市盈率 = 现在股价/年化每股收益

最近季度的年化每股收益 = 上年度每股收益 × 最近季度每股收益/上一年度同季度每股收益

上年度每股收益、最近季度每股收益以及上一年度同季度每股收益在“F10 维赛特——最新动态”中可以查到，过去三年净利润增长率在“F10 维赛特——财务分析——主要财务指标”中可以查到。

评分标准

如果要对 PEG 指标进行打分，笔者认为 PEG 值为 1 时处于合理估值的中枢，就以 PEG 值 1 为基准，给予一个基准分。如果总分定为 10 分，那么基准分应该是中间值，即 5 分。如果 PEG 值低于 0.5，我们认为估值偏低，可能具有良好的投资价值，因此有理由给予满分 10 分；如果 PEG 值高于 1.5，我们认为估值可能偏高，给予 0 分或者负分。

关于估值指标可能出现分值为负的情形及理由，在本章第九节中已经充分阐述，在此不再重述。

基于以上分析，笔者设计了如下评分标准：以 PEG 值等于 1 为基准得 5 分，每降低 0.1 倍加 1 分，最多 10 分；每提高 0.1 倍扣 1 分，并根据本章第九节关于主辅指标的确定标准，如果确定以 PEG 为主要估值指标，则 PEG 分值无下限（可以为负值），如果确定以市净率为主要估值指标，则 PEG 分值最低 0 分。

根据上述评分标准，我们可以推导出相应的分值计算公式。分值计算公式为：5 - [(动态市盈率相对盈利增长比率 - 1)/0.1]，最高 10 分，确定为主要估值指标时低分不设下限（可以为负分），确定为辅助估值指标时最低为 0 分。

为使读者更容易看明白，也为便于重复使用和计算方便，笔者制作了表2－19。

表2－19　动态市盈率相对盈利增长比率（PEG）评估

<table>
<tr><td>评分标准</td><td colspan="5">（1）最近季度的年化每股收益＝上年度每股收益×最近季度每股收益/上一年度同季度每股收益
（2）动态市盈率＝现在股价/年化每股收益
（3）动态市盈率相对盈利增长比率（PEG）＝动态市盈率/过去三年平均净利润增长率，比值以1为基准计5分，每降低0.1加1分，最多10分；每增加0.1扣1分，并根据相关原则确定主、辅指标
如果确定以PEG为主要估值指标，则PEG分值无下限（可以为负值），如果确定以市净率为主要估值指标，则PEG分值最低0分</td></tr>
<tr><td>分值计算公式</td><td colspan="5">5－［（动态市盈率相对盈利增长比率－1）/0.1］</td></tr>
<tr><td>数据来源</td><td colspan="5">F10维赛特——最新动态；F10港澳——财务分析——主要财务指标</td></tr>
<tr><td>报告期间</td><td></td><td></td><td></td><td></td><td></td></tr>
<tr><td>现股价（元）</td><td colspan="5"></td></tr>
<tr><td rowspan="2">每股收益（元）</td><td rowspan="2">/</td><td rowspan="2">/</td><td rowspan="2"></td><td></td><td></td></tr>
<tr><td colspan="2">年化每股收益：</td></tr>
<tr><td>动态市盈率（倍）</td><td colspan="3">/</td><td colspan="2">动态市盈率：</td></tr>
<tr><td rowspan="2">净利润增长率%</td><td></td><td></td><td></td><td rowspan="2">/</td><td rowspan="2">/</td></tr>
<tr><td colspan="3">三年平均值：</td></tr>
<tr><td>动态市盈率相对盈利增长比率（PEG）</td><td colspan="5"></td></tr>
<tr><td>得分</td><td colspan="5"></td></tr>
</table>

案例分析

假定现在是2016年3月9日，你在2016年3月9日收盘后分析华东医药（000963）的投资价值。截至2016年3月9日，华东医药的最近季度财务报表是2015年3季度报告。华东医药PEG指标的得分情况如表2－20所示。

表 2－20　华东医药动态市盈率相对盈利增长比率（PEG）评估

<table>
<tr><td>评分标准</td><td colspan="5">（1）最近季度的年化每股收益＝上年度每股收益 x 最近季度每股收益/上一年度同季度每股收益
（2）动态市盈率＝现在股价/年化每股收益
（3）动态市盈率相对盈利增长比率（PEG）＝动态市盈率/过去三年平均净利润增长率，比值以 1 为基准计 5 分，每降低 0.1 加 1 分，最多 10 分；每增加 0.1 扣 1 分，并根据相关原则确定主、辅指标
如果确定以 PEG 为主要估值指标，则 PEG 分值无下限（可以为负值），如果确定以市净率为主要估值指标，则 PEG 分值最低 0 分</td></tr>
<tr><td>分值计算公式</td><td colspan="5">5－［（动态市盈率相对盈利增长比率－1）/0.1］</td></tr>
<tr><td>数据来源</td><td colspan="5">F10 维赛特——最新动态；F10 港澳——财务分析——主要财务指标</td></tr>
<tr><td>报告期间</td><td>2012 年度</td><td>2013 年度</td><td>2014 年度</td><td>2015 三季度</td><td>2014 三季度</td></tr>
<tr><td>现股价（元）</td><td colspan="5">70.00</td></tr>
<tr><td rowspan="2">每股收益（元）</td><td rowspan="2">/</td><td rowspan="2">/</td><td rowspan="2">1.74</td><td>2.14</td><td>1.26</td></tr>
<tr><td colspan="2">年化每股收益：2.96</td></tr>
<tr><td>动态市盈率（倍）</td><td colspan="3">/</td><td colspan="2">动态市盈率：23.64</td></tr>
<tr><td rowspan="2">净利润增长率%</td><td>23.18</td><td>22.35</td><td>31.60</td><td rowspan="2">/</td><td rowspan="2">/</td></tr>
<tr><td colspan="3">三年平均值：25.71</td></tr>
<tr><td>动态市盈率相对盈利增长比率（PEG）</td><td colspan="5">23.64/25.71＝0.92</td></tr>
<tr><td>得分</td><td colspan="5">5－［（0.92－1）/0.1］＝5.8，计 6 分</td></tr>
</table>

表 2－18 和表 2－20 进行比较，可以发现，华东医药的市净率得分为－1，而 PEG 指标的得分为 6 分，并且华东医药属于非周期性行业。因此，华东医药应以 PEG 指标为主要估值指标，以市净率为辅助估值指标。因此，我们应对表 2－18 的市净率指标得分进行调整，调整后如表 2－21 所示。

表 2－21　华东医药市净率评估（调整）

评分标准	（1）市净率＝现在股价/每股净资产，以 3 倍为基准得 5 分，每降低 0.4 倍加 1 分，最多 10 分；每提高 0.4 倍扣 1 分，并根据相关原则确定主、辅指标 如果确定以市净率为主要估值指标，则市净率分值无下限（可以为负值），如果确定以 PEG 指标为主要估值指标，则市净率分值最低 0 分 （2）每股净资产必须考虑最近有无融资尚未纳入报表的情形，融资变动后的每股净资产＝（融资股数 × 每股融资价格＋最近季度股东权益）/总股本

续表

分值计算公式	5－［（市净率－3）/0.4］
数据来源	F10 维赛特——财务分析——主要财务指标，以及最新动态
报告期间	2015 三季度
现股价（元）	70.00
每股净资产（元）	6.46
融资未入报表	2016 年 2 月 5 日完成非公开发行 51998217 股，发行价格 67.31 元
股东权益（万元）	280189.50
最新总股本（万股）	48605.82
变动后每股净资产	（51998217×67.31＋2801895000）/486058200＝12.97
市净率	70/12.97＝5.40
得分	5－［（5.4－3）/0.4］＝－1，计 0 分

第十一节　十项评估指标综合运用的方法及适用范围

本章前面十节已经详细介绍了各项指标的评估方法以及分值计算等内容，接下来介绍一下这十项指标的综合运用方法及适用范围。

总体原则

本章前面十节都是以华东医药（000963）2016 年 3 月 9 日收盘后情况为例，来分析其投资价值。截至 2016 年 3 月 9 日，华东医药的最近季度财务报表是 2015 年 3 季度报告。笔者根据本章前面十节中关于华东医药的得分情况整理了其综合得分情况，具体如表 2－22 所示。

表 2－22　华东医药 2016 年 3 月 9 日收盘投资价值综合评分

项目	得分	总计
营业收入增长率	9	58
营业利润增长率	6	
毛利率	10	
期间费用率	1	
存货周转率	0	
每股经营性现金流量	6	
加权净资产收益率	10	
总资产报酬率	10	
市净率	0	
动态市盈率相对盈利增长比率（PEG）	6（主要估值指标）	

从表 2－22 可以看出，华东医药的总得分为 58 分，那么多少分以上具备投资价值呢？

笔者认为理论上 50 分以上具备投资价值。理由是：我们选定的十项指标中的每一项指标的中间值都是按照具备投资价值的公司标准来设定的。

每个公司的实际情况都会有所不同，某些公司可能在业务拓展等方面具有非常突出的优势，在这些方面的得分就会较高，但在成本控制等方面相对不足，得分就会较低；而另一些公司的情况可能正好相反。有些公司还可能经营方面没有太多亮点，但估值足够低。我们评价一家公司应该从多方面予以综合考虑，不能看到好的方面而忽视其不足之处，也不应只看到其不足而对其优势视而不见。但如果综合起来得分能够达到 50 分以上，就是值得加入备选股票池予以关注的。当然，最终是否买入以及何时买入等问题，还须结合技术面以及有无其他得分更高、更具投资价值的股票可供选择等因素进行综合考虑。还须特别提醒的一点是，对于得分情况比较接近的不同股票，总市值规模也是我们考虑的一个重要因素。在综合得分比较接近的情况下，笔者建议尽量选择总市值相对较小的股票，具体原因在本书第九章中阐述。

当然，公司的经营状况是随时在动态变化的，相应地，各项指标也在不断变化，因此，在公司每一个季度的财务报表出来后，我们应及时进行跟踪，并根据最新的财务数据重新计算各项指标的得分情况，看看是否仍然具有投资价值，也可以及时掌握公司的经营状况是在变好还是变差。

案例分析

华东医药于2016年3月18日公布了2015年度财务报表，并于2016年4月20日公布了2016年一季度财务报表，由于两个季度的财务报表相隔时间较短，我们以2016年一季度财务报表为基础，以华东医药2016年4月21日收盘后的价格68元为基准，来跟踪计算华东医药各项指标的得分情况，以判断其投资价值是否已发生重大变化，具体得分情况如表2－23所示。

表2－23　华东医药2016年4月21日收盘投资价值综合评分

项目	得分	总计
营业收入增长率	10	56
营业利润增长率	8	
毛利率	10	
期间费用率	0	
存货周转率	0	
每股经营性现金流量	0	
加权净资产收益率	10	
总资产报酬率	10	
市净率	0	
动态市盈率相对盈利增长比率（PEG）	8（主要估值指标）	

从表 2－23 我们可以看出，截至 2016 年 4 月 21 日，华东医药各项指标的综合得分情况为 56 分，与 2015 年第三季度财务报表反映的各项指标综合得分情况相差不大，公司总体经营状况保持稳定，依然具有投资价值。

特别提醒

本章所述的十项指标评估模型理论上可以适用于任何生产销售型公司，但金融行业的公司不能直接适用，有些指标需要重新设定，有些指标的参数也需要调整。本书不再专门总结金融行业的估值方法，有兴趣的读者可以自行总结，就当是功课吧。

本章所述的十项指标评估模型，对于判断非周期性行业股票的投资价值，以及高成长性股票的估值是否合理、成长性能否持续等都具有重要意义；对于周期性行业的股票也同样适用，但是周期性行业股票的买卖点主要是看行业的周期性拐点，分值高低反倒是其次。下一章将介绍运用本章介绍的评估模型判断周期性行业拐点的方法。

第三章　周期性行业拐点判断模型

从逻辑上讲，先介绍如何选择行业，再介绍如何选择公司可能更合理，但是，考虑到本章内容同样涉及第二章中介绍的某些财务指标，为了避免重复，也为了10项指标的完整性，因此把介绍周期性行业拐点判断模型的内容放到了第三章。

第一节　周期性行业的特点

周期性行业是指行业的景气度与宏观经济环境高度正相关，并呈现周期性循环的行业。汽车、钢铁、房地产、有色金属、石油化工、电力、煤炭、机械、造船、水泥、证券等都属于较为典型的周期性行业。除了为生活提供必需品的行业，如医药、食品饮料等行业属于非周期性行业，绝大多数行业都属于周期性行业，只是某些行业周期性特点更为明显。

一个周期的轮回

周期性行业的特点是产品价格、需求、产能以及行业内相关公司的盈利水平均呈现周期性波动。在行业的景气周期，产品需求上升，价格上涨，企业获利大幅增加，为满足不断膨胀的需求并追求高额的利润，产能大幅度扩张；而一旦进入萧条期，则情况刚好相反，产品需求下降，价格下跌，企业获利大幅减弱，进而开始出现亏损，为应对不断萎缩的需求并减少亏损，产能被大幅削减，大量资金实力和管理能力不占优势的企业开始倒闭或被兼并；随着产能的削减，产品供需重新进入平衡期，价格企稳，并随着经济的进一步发展重新进入景气周期……如此周而复始，循环往复。

通常而言，某个行业从谷底复苏开始，到繁荣、萧条、再重新回到谷底，直至开始新一轮周期发展，大致经历如下六个阶段。

- **好转期**

在好转期，产品需求开始增加，产品销售开始明显好转，在上市公司财务报表上体现为营业收入的稳步增长。由于需求增加，行业内公司的订单逐渐增多，收到的定金等预收账款开始增多，在财务报表上通常反映为每股经营性现金流量开始明显高于每股收益。当然，需求的增加有两种，一种是很短期的季节性需求增加，这种季节性需求增加通常不具有可持续性，一般只能持续一两个月；还有一种是行业周期性见底回升的需求增加，这种需求的增加必然具有可持续性，通常会持续一两年或更长的时间。如果是属于行业周期性见底的需求增加，那么随着需求的持续增加通常都会带来产品价格上涨，而在好转期，价格往往还没有传导到上游行业，因此原材料的价格变化不大，产品价格上涨通常带来毛利率的提高。当然，订单增多，企业的开工率势必会有较大提高，开工率的提升有助于降低产品单位成本，行业内公司的盈利水平通常也会有所改善，但尚不明显，多体现为扭亏为盈或盈利有所增长，但增速较缓；资产收益率通常也有所提高。

- **成长期**

在成长期，需求进一步增长，行业内公司的开工率接近上限，规模化生产效应得以充分体现，单位生产成本进一步降低，而产品价格继续温和上涨，行业内公司的盈利水平得到进一步改善，营业收入增长率、营业利润增长率、毛利率、存货周转率、每股经营性现金流量、净资产收益率、总资产报酬率等多项财务指标均明显好转，公司业绩进入高速成长阶段。

- **成长高峰期**

在成长高峰期，由于产品需求旺盛，导致行业现有生产能力已经不能满足持续旺盛的需求增长，产品价格开始快速上涨，行业内公司的盈利水平大幅度提高。此时行业内公司开始扩大产能，上游原材料供应开始出现紧张局面（即本行业的景气周期已经开始较充分地传导到上游行业），但原材料上涨速度低于产品价格上涨速度，行业内公司业绩继续高速增长，多项财务指标均表现异常亮丽。

- **成长趋缓期**

经过成长高峰期的产能扩张，虽然产品需求仍然旺盛，价格依然维持在高位，但随着新增产能的不断投产，产品价格不再上涨或涨幅明显趋缓，而此时上游原材料开始出现供应不足的局面，原材料价格开始大幅上涨，导致生产成本上涨幅度远远高于产品价格的上涨幅度，毛利率开始明显降低。同时，由于新增产能的不断投产，产品的市场竞争压力开始显现，远期订单开始减少，即行业内公司收到的定金等预收账款开始减少，在财务报表上通常反映为每股经营性现金流量开始明显低于每股收益。

- **收缩期**

在收缩期，产品供需情况开始基本稳定，但本行业大批新增产能进入集中投产期，行业竞争导致产品价格迅速下跌，营业收入开始减少；同样由于扩张产能的集中投产，对上游原材料的需求不减反增，上游原材料价格保持坚挺甚至继续上涨（即本行业将上游行业带入了成长趋缓期），毛利率迅速下降。由于产品价格下跌，新增订单开始显著减少，同时公司为了快速去库存，开始赊销，应收账款开始大幅提高，每股经营性现金流量开始大幅低于每股收益。总之，在此阶段，营业收入增长率、营业利润增长率、毛利率、存货周转率、每股经营性现金流量、净资产收益率、总资产报酬率等财务指标均明显恶化，公司正式步入业绩衰退期。

- **落底期**

在这段时期，新增产能无法消化，产品价格与高位时相比已经巨幅下跌，开工率下降到接近最低，行业内有相当一部分公司处于亏损状态，实力较弱的公司或倒闭，或被迫退出转行，或被整合。同时，本行业将上游原材料行业拖入收缩期。在需求恢复周期性增长之前，行业通常会在底部徘徊一段时间。

投资周期性行业的大原则

周期性行业的周期循环常常沿着产业链按一定的顺序依次发生，通常复苏始于汽车、房地产、基础设施建设、机械、装备制造等下游行业，然后传导至化纤、非金属矿物制品、石化、有色金属冶炼压延、黑色金属冶炼压延、电力等中游的加工制造业，然后再传导到上游的资源类行业，如有色金属矿、铁矿、石油、煤炭等行业；随着进入景气周期的行业逐渐增多，进而带动运输、航运、港口等行业也进入景气周期；远洋货运市场景气后，其上游的造船业随之景气；造船业景气后，其上游的船用柴油机行业随之景气……衰退也往往是从下游行业开始，依次传导至中游、上游行业。当然，由于各个时期的历史背景不同，周期循环并非简单地重复，运行规律也不是一成不变，不能简单地套用历史经验进行拐点判断，而应根据经验再结合具体情况进行具体分析。

如上所述，绝大多数行业都属于周期性行业，因此周期性行业公司在证券市场所占的比重要远远高于非周期性行业公司所占的比重；而周期性行业公司的特点是业绩和股价因经济周期的变化而起落，因此，证券市场的牛熊变化大体也是与经济周期的周期性变化相吻合。投资周期性行业股票的关键在于时机的把握，如果能在周期触底反转时及时介入，就会获得最为丰厚的投资回报。但如果在错误的时点和位置，如在行业周期发展的顶峰时期才介入，则可能会遭遇严重的损失，可能需要忍受5年、甚至10年或更长时间的等待，才能迎来下一轮周期的复苏和高涨。

在一轮经济成长周期里，根据产业链上下游行业传导关系的特点，在不同阶段配置受益最多的行业股票，理论上可以让投资回报最大化。在挑选那些可能即将迎来行业复苏的股票时，尽量选择那些资产负债结构合理、现金相对宽裕的公司，这些公司在行业复苏初期通常会有更强的扩张能力，股价表现通常也会更为抢眼。

第二节　周期性行业拐点的判断

通过分析周期性行业特点，可知投资周期性行业的最佳时期为好转期，从周期性行业退出的最佳时机是成长趋缓期。因此，笔者认为，研究周期性行业底部回升的好转期特点，有助于我们判断周期性行业的底部拐点；研究周期性行业即将由盛转衰的成长趋缓期特点，有助于我们判断周期性行业的顶部拐点。

底部拐点的判断

根据上节所述好转期的特点，可知该阶段行业内公司的盈利水平通常会有所改善，但尚不明显，多体现为扭亏为盈，或盈利有所增长，但增速较缓；资产收益率通常也有所提高。但能引起公司盈利状况与资产收益率变化的因素相对较多，并不一定与行业的周期性变化直接相关。通常每股经营性现金流量的趋势变化都会领先于每股收益的趋势变化，而资产收益率则是根据收益与资产的比值得出，因此相对于每股经营性现金流量的变化还是会相对滞后。

- **判断依据**

基于周期性行业好转期的特点分析，笔者认为，周期性行业从底部开始回升进入好转期，通常会最先体现在如下 3 方面：（1）行业内公司的营业收入增长率稳步提升；（2）毛利率的稳步提高；（3）每股经营性现金流量开始出现大幅高于每股收益的情形。这些变化通常预示着某行业已经或正在走出周期性低谷，进入新的成长周期。

笔者认为，要比较肯定地确认某行业正在走出周期性低谷并进入新的成长周期，而不是短期的季节性反弹，至少要对最近 3 个季度的数据进行比较，观察最近两个季度是否处于连续好转的状态，以判断成长是否具有可持续性。

- **判断方法**

由于某行业的上市公司数量通常较多，各个公司的运营能力和运作水平也有较大差异，因此，我们可以选择一些行业内比较有代表性的上市公司进行抽样统计分析，以判定某行业是否已经发生或正在发生底部回升好转的趋势性变化。

为此，笔者设计了用以判断周期性行业底部拐点的分析模型：选择行业内 10 家左右相对具有代表性的公司进行抽样统计分析，分析所选出的公司最近三个季度的财务数据，看各家公司在营业收入增长率、毛利率、每股经营性现金流量与每股收益的比值这三项指标的变动情况（这些数据都可以在“F10 港澳——财务分析——盈利能力指标、发展能力指标、主要财务指标”中找到）。如果某公司在营业收入增长率、毛利率、每股经营性现金流量与每股收益的比值这三项指标上同时符合下列特征，则认为该公司符合行业底部拐点特征。

（1）最近两个季度营业收入保持正增长或营业收入负增长的比例逐季变小，或者最近季度的营业收入增长率在 10% 以上。

（2）最近两个季度毛利率保持逐季提高。

（3）最近两个季度中至少有一个季度的每股经营现金流量大幅高于每股收益（每股经营现金流量/每股收益≥1.2，或者每股现金流量为正、每股收益为负）。

上述三项指标的意义在第二章中已经进行过详细说明，此处不再重述。为使读者更容易看明白，也为便于重复使用，笔者制作了表 3－1。

表 3－1　公司行业底部拐点特征评估

<table>
<tr><td>符合行业底部拐点特征的公司经营指标评估标准</td><td colspan="3">（1）最近两个季度营业收入保持正增长或营业收入负增长的比例逐季变小，或者最近季度的营业收入增长率在 10% 以上
（2）最近两个季度毛利率保持逐季提高
（3）最近两个季度中至少有一个季度的每股经营现金流量大幅高于每股收益（每股经营现金流量/每股收益≥1.2，或者每股现金流量为正、每股收益为负）</td></tr>
<tr><td>数据来源</td><td colspan="3">F10 港澳——财务分析——盈利能力指标、发展能力指标、主要财务指标</td></tr>
<tr><td>报告期间（最近三个季度）</td><td></td><td></td><td></td></tr>
</table>

续表

营业收入增长率%			
毛利率%			
每股经营性现金流量（元）			
每股收益（元）			
公司经营指标评估结果	（1）营业收入指标是否符合行业底部观点特征 （ ） （2）毛利率指标是否符合行业底部特征 （ ） （3）每股经营现金流量指标是否符合行业底部特征 （ ）		
是否符合行业底部拐点特征			

正常情况下，行业进入衰退期之后会在底部盘整一段时间，然后再走出低谷进入新的成长周期，这个底部盘整的时间通常会较长。当然也有例外，比如2008年底美国的巨额量化宽松政策与中国的4万亿经济刺激计划等全球范围的“货币大放水”，导致经济周期在底部停留的时间很短，几乎可以用“V型反转”来形容，但这是特例，不具有代表性。从目前的全球经济环境来看，在较长一段时期内再次发生全球性的“货币大放水”的可能性较小，而且即使再来一次，也不可能再起到2008年底那个时期的刺激效果。因为2008年底的“货币大放水”已经严重透支未来经济的增长潜力，使得很多周期性行业的产能更加过剩，而需求则在爆发性增长之后开始回落，使得社会整体的投资收益率普遍有所下降。如果在需求回落、投资收益率下降时期进行“货币大放水”，只能带来“滞胀”，并不能刺激经济，真正复苏。因此，基于新的经济成长周期来临之前通常会有一个相对时间较长的底部盘整期的特点，笔者认为，应以被评价公司在上述三项指标同时满足条件时再来确认被评价公司“符合行业底部拐点特征”较为合理，以提高行业底部拐点判断的可靠性。这与下述的行业顶部拐点的判断标准是不同的，须特别留意。

如果抽样统计分析的公司中，有二分之一以上的公司符合周期性行业底部拐点特征，那么我们有理由相信该行业已经出现周期性底部拐点，可以择机分批买入该行业公司的股票进行投资。

周期性行业顶部拐点的判断

● 判断依据

基于上一节周期性行业成长趋缓期的特点分析，笔者认为，周期性行业结束成长高峰进入成长趋缓阶段，通常会最先体现在如下 2 方面：(1) 行业内公司的毛利率的逐季下降；(2) 每股经营性现金流量开始出现大幅低于每股收益的情形。这些变化通常预示着某行业成长周期可能很快就会结束，即将进入衰退期。

在成长趋缓期，由于产品价格处于高位，而新增产能在加速投产，因此供需平衡随时可能被打破。一旦这种平衡被打破，价格的下跌往往非常迅速，通常不会像经济周期从底部开始回升时那样温和而反复。有时经济周期性顶部的来临往往不期而至，也很有可能因一个突发事件而引发系统性风险的全面爆发。2008 年次贷危机就是以雷曼兄弟的破产为导火索，从而引发了极大的恐慌，使全球经济迅速进入萧条期。因突发事件引发的金融危机或经济危机，往往是在经历了长周期的经济繁荣后，人们的风险意识普遍较薄弱的情况下突然发生。因为长周期的经济繁荣往往会掩盖一些经济发展过程中存在的问题，比如金融杠杆过大，导致经济泡沫累积严重等。总之，对于行业周期性顶部的判断，我们应保持适度的警觉，尤其在产品价格已经数倍上涨时，或者经历了长周期的经济繁荣后，一有风吹草动，宁愿先退出观望，否则一旦系统性风险突然来临，往往造成严重踩踏，届时要想再全身而退就不容易了。

● 判断方法

就判断周期性行业顶部拐点，我们同样可以选择某行业内比较有代表性的上市公司进行抽样统计分析，以判定某行业成长高峰期是否已经结束并已进入成长趋缓期，从而随时可能步入衰退期。

具体方法为：选择行业内10家左右相对具有代表性的公司进行抽样统计分析，分析所选出的公司最近三个季度的财务数据，看各家公司在毛利率、每股经营性现金流量与每股收益的比值这两项指标的变动情况（这些数据都可以在“F10港澳——财务分析——盈利能力指标、主要财务指标”中找到）。如果某公司在毛利率、每股经营性现金流量与每股收益的比值这两项指标上符合下列特征，则认为该公司符合行业顶部拐点特征。

（1）最近两个季度毛利率保持逐季降低。

（2）最近两个季度中至少有一个季度的每股经营现金流量大幅低于每股收益（每股经营现金流量/每股收益≤0.8，或者每股现金流量为负、每股收益为正）。

上述两项指标的意义在第二章中已经进行过详细说明，此处不再重述。为使读者更容易看明白，也为便于重复使用，笔者制作了表3－2。

表3－2　公司行业顶部拐点特征评估

<table>
<tr><td>符合行业顶部拐点特征的公司经营指标评估标准</td><td colspan="3">（1）最近两个季度毛利率保持逐季降低
（2）最近两个季度中至少有一个季度的每股经营现金流量大幅低于每股收益（每股经营现金流量/每股收益≤0.8，或者每股收益为正，每股经营性现金流量为负）</td></tr>
<tr><td>数据来源</td><td colspan="3">F10港澳——财务分析——盈利能力指标、主要财务指标</td></tr>
<tr><td>报告期间（最近三个季度）</td><td></td><td></td><td></td></tr>
<tr><td>毛利率%</td><td></td><td></td><td></td></tr>
<tr><td>每股经营性现金流量（元）</td><td></td><td></td><td></td></tr>
<tr><td>每股收益（元）</td><td></td><td></td><td></td></tr>
<tr><td>公司经营指标评估结果</td><td colspan="3">（1）毛利率指标是否符合行业底部特征　（　）
（2）每股经营现金流量指标是否符合行业底部特征　（　）</td></tr>
<tr><td>是否符合行业拐点特征</td><td colspan="3"></td></tr>
</table>

如果抽样统计分析的公司中，有二分之一以上的公司符合周期性行业顶部拐点特征，那么我们有理由相信该行业已经进入成长趋缓期，周期性顶部拐点即将来临，可以择机卖出该行业公司的股票，等待下一次投资机会的来临。

顶部拐点分析中没有采用营业收入增长率指标，原因是：在成长趋缓期，产品价格处于高位，需求依然旺盛，而且新增产能不断投产，营业收入通常情况下还会继续保持正增长，因此在行业顶部附近从营业收入增长率指标上很难就行业是否即将进入衰退期做出判断；而当营业收入开始出现负增长的时候，往往行业已经进入衰退期，这时股价可能已经出现大幅下跌的局面，因此营业收入增长率指标在判断周期性行业顶部拐点时缺乏及时性。

须要特别指出的是，由于周期性行业顶部拐点一旦在市场上形成共识，股价下跌的速度往往很快，因此，在根据分析模型判断出周期性行业拐点已经来临或即将来临的情形下，对于底部拐点与顶部拐点的操作策略也是不同的。如果判断某行业的底部拐点已经来临，你可以从容逢低吸纳该行业公司股票，因为经历了较长时间的萧条期之后，人们投资信心尚未恢复，人气需要慢慢积累，因此股价在底部也往往会反复震荡，通常有足够的时间慢慢分批逢低吸纳股票。而在行业顶部附近，产品价格和股价均处于高位，多数投资者已经有恐高心理，但出于人性的贪婪还继续留在市场博弈，这时一有风吹草动，股票容易遭到投资者集中抛售，从而引发“踩踏事故”，这时股价下跌往往非常迅速。因此，在顶部附近，投资策略应与底部拐点时期有所不同，笔者建议的投资策略是：

在毛利率、每股经营性现金流量与每股收益的比值两项指标中，毛利率指标符合特征至少卖出50%的该行业公司股票；上述两项指标同时满足则卖出全部的该行业公司股票。

第三节　案例分析：周期性行业拐点判断

有色金属价格近几年一直处于下跌趋势，相对于2011年的价格高点，有些品种的价格已经下跌远超过50%，而相对于2008年的价格高点，很多品种的价格已经下跌70%以上。从2011年开始计算，到目前下跌的时间已经超过5年。那么，到目前为止，有色金属行业是否已经到了行业周期性底部拐点了呢？让我们以有色金属行业的其中的一个子行业——铝行业为例，用本章第二节构建的周期性行业底部拐点判断模型来进行分析，看看究竟该行业的周期性底部拐点是否已经来临。

笔者抽样了铝行业中相对具有代表性的10家上市公司进行分析，分别为：南山铝业（600219）、中国铝业（601600）、云铝股份（000807）、中孚实业（600595）、焦作万方（000612）、神火股份（000933）、闽发铝业（002578）、明泰铝业（601677）、常铝股份（002160）、怡球资源（601388）。表3－3至表3－12为各家公司行业底部拐点特征评估分析结果的列表（为避免重复并节省篇幅，从表3－4开始直至表3－12，笔者省略了表格中的评估标准和数据来源项）。

表3－3　南山铝业公司行业底部拐点特征评估

符合行业底部拐点特征的公司经营指标评估标准	（1）最近两个季度营业收入保持正增长或营业收入负增长的比例逐季变小，或者最近季度的营业收入增长率在10%以上 （2）最近两个季度毛利率保持逐季提高 （3）最近两个季度中至少有一个季度的每股经营现金流量大幅高于每股收益（每股经营现金流量/每股收益≥1.2，或者每股现金流量为正、每股收益为负）

续表

数据来源	F10 港澳——财务分析——盈利能力指标、发展能力指标、主要财务指标		
报告期间（最近三个季度）	2016 一季度	2015 四季度	2015 三季度
营业收入增长率%	-10.59	-2.75	0.52
毛利率%	13.22	12.93	14.55
每股经营性现金流量（元）	0.01	0.32	0.19
每股收益（元）	0.03	0.21	0.21
公司经营指标评估结果	（1）营业收入指标是否符合行业底部观点特征 （否） （2）毛利率指标是否符合行业底部特征 （否） （3）每股经营现金流量指标是否符合行业底部特征 （是）		
是否符合行业拐点特征	否		

表 3-4 中国铝业公司行业底部拐点特征评估

报告期间（最近三个季度）	2016 一季度	2015 四季度	2015 三季度
营业收入增长率%	-23.78	-13.07	-9.08
毛利率%	7.25	3.47	1.43
每股经营性现金流量（元）	0.014	0.49	0.21
每股收益（元）	0.001	0.01	-0.07
公司经营指标评估结果	（1）营业收入指标是否符合行业底部观点特征 （否） （2）毛利率指标是否符合行业底部特征 （是） （3）每股经营现金流量指标是否符合行业底部特征 （是）		
是否符合行业拐点特征	否		

表 3-5 云铝股份公司行业底部拐点特征评估

报告期间（最近三个季度）	2016 一季度	2015 四季度	2015 三季度
营业收入增长率%	0.32	-18.72	-14.12
毛利率%	10.38	7.05	9.45
每股经营性现金流量（元）	0.035	1.62	0.67
每股收益（元）	-0.02	0.02	-0.05
公司经营指标评估结果	（1）营业收入指标是否符合行业底部观点特征 （否） （2）毛利率指标是否符合行业底部特征 （否） （3）每股经营现金流量指标是否符合行业底部特征 （是）		
是否符合行业拐点特征	否		

表 3－6　中孚实业公司行业底部拐点特征评估

报告期间（最近三个季度）	2016 一季度	2015 四季度	2015 三季度
营业收入增长率%	59.81	0.40	－6.74
毛利率%	11.12	4.85	7.33
每股经营性现金流量（元）	0.44	0.50	0.66
每股收益（元）	0.06	－0.25	－0.07
公司经营指标评估结果	（1）营业收入指标是否符合行业底部观点特征　（是） （2）毛利率指标是否符合行业底部特征　（否） （3）每股经营现金流量指标是否符合行业底部特征　（是）		
是否符合行业拐点特征	否		

表 3－7　焦作万方公司行业底部拐点特征评估

报告期间（最近三个季度）	2016 一季度	2015 四季度	2015 三季度
营业收入增长率%	－13.1	－11.26	－4.77
毛利率%	6.47	4.19	5.82
每股经营性现金流量（元）	0.033	－0.04	0.01
每股收益（元）	－0.025	－0.05	0.02
公司经营指标评估结果	（1）营业收入指标是否符合行业底部观点特征　（否） （2）毛利率指标是否符合行业底部特征　（否） （3）每股经营现金流量指标是否符合行业底部特征　（是）		
是否符合行业拐点特征	否		

表 3－8　神火股份公司行业底部拐点特征评估

报告期间（最近三个季度）	2016 一季度	2015 四季度	2015 三季度
营业收入增长率%	－35.17	－26.74	－21.20
毛利率%	13.72	6.97	9.74
每股经营性现金流量（元）	0.08	－0.39	0.01
每股收益（元）	0.22	－0.88	－0.45
公司经营指标评估结果	（1）营业收入指标是否符合行业底部观点特征　（否） （2）毛利率指标是否符合行业底部特征　（否） （3）每股经营现金流量指标是否符合行业底部特征　（否）		
是否符合行业拐点特征	否		

表 3－9　闽发铝业公司行业底部拐点特征评估

报告期间（最近三个季度）	2016 一季度	2015 四季度	2015 三季度
营业收入增长率%	－10.93	－13.15	－7.87
毛利率%	10.62	6.74	8.09
每股经营性现金流量（元）	0.09	－0.05	－0.27
每股收益（元）	0.01	0.04	0.05
公司经营指标评估结果	（1）营业收入指标是否符合行业底部观点特征　（否） （2）毛利率指标是否符合行业底部特征　（否） （3）每股经营现金流量指标是否符合行业底部特征　（是）		
是否符合行业拐点特征	否		

表 3－10　明泰铝业公司行业底部拐点特征评估

报告期间（最近三个季度）	2016 一季度	2015 四季度	2015 三季度
营业收入增长率%	－8.71	－3.24	0.93
毛利率%	8.87	6.93	6.78
每股经营性现金流量（元）	－0.05	－0.23	－1.26
每股收益（元）	0.11	0.42	0.31
公司经营指标评估结果	（1）营业收入指标是否符合行业底部观点特征　（否） （2）毛利率指标是否符合行业底部特征　（是） （3）每股经营现金流量指标是否符合行业底部特征　（否）		
是否符合行业拐点特征	否		

表 3－11　常铝股份公司行业底部拐点特征评估

报告期间（最近三个季度）	2016 一季度	2015 四季度	2015 三季度
营业收入增长率%	12.2	17.28	16.66
毛利率%	16.46	21.01	20.24
每股经营性现金流量（元）	－0.14	0.33	0.77
每股收益（元）	0.01	0.2	0.14
公司经营指标评估结果	（1）营业收入指标是否符合行业底部观点特征　（是） （2）毛利率指标是否符合行业底部特征　（否） （3）每股经营现金流量指标是否符合行业底部特征　（是）		
是否符合行业拐点特征	否		

表 3－12　怡球资源公司行业底部拐点特征评估

报告期间（最近三个季度）	2016 一季度	2015 四季度	2015 三季度
营业收入增长率%	－30.2	－19.09	－18.95
毛利率%	5.23	6.57	6.28
每股经营性现金流量（元）	0.22	0.55	0.36
每股收益（元）	－0.03	0.02	0.03
公司经营指标评估结果	（1）营业收入指标是否符合行业底部观点特征　（否） （2）毛利率指标是否符合行业底部特征　（否） （3）每股经营现金流量指标是否符合行业底部特征　（是）		
是否符合行业拐点特征	否		

抽样的 10 家公司都已经分析完了，判断周期性行业底部拐点确立的标准是：抽样统计分析的公司中，有二分之一以上的公司符合周期性行业底部拐点特征；但须注意的是，如果发现某些公司因明显的特殊情况而影响某些经营指标时，该类公司应剔除出抽样样本，比如某些公司因套期保值造成的盈亏影响经营指标、业务的快速扩张影响每股经营性现金流量等情形，这些因素容易对行业拐点的判断产生干扰，因此对于明显存在这些情形的公司应予以剔除出抽样样本。在我们抽样的 10 家铝行业公司中未发现明显的存在特殊情况需要剔除出抽样样本的情形。为此，笔者制作了表3－13，对上述各家公司是否符合周期性行业底部特征的情况进行综合统计分析，以便可以直观地做出判断。

表 3－13　铝行业周期性底部拐点判断

<table>
<tr><td colspan="2">行业底部拐点是否已经来临的判断标准</td><td colspan="4">抽样调查的公司中有 1/2 以上的公司符合行业底部拐点特征</td></tr>
<tr><td>行业</td><td>股票</td><td>最近报表所属季度</td><td>是否符合行业底部拐点特征</td><td>符合行业底部拐点特征的公司家数及占比</td><td>行业底部拐点是否已来临</td></tr>
<tr><td rowspan="4">铝</td><td>南山铝业</td><td>2016 一季度</td><td>否</td><td rowspan="4">抽样总家数：10
符合特征的家数：0
符合特征的家数占比：0</td><td rowspan="4">否</td></tr>
<tr><td>中国铝业</td><td>2016 一季度</td><td>否</td></tr>
<tr><td>云铝股份</td><td>2016 一季度</td><td>否</td></tr>
<tr><td>中孚实业</td><td>2016 一季度</td><td>否</td></tr>
</table>

续表

行业底部拐点是否已经来临的判断标准		抽样调查的公司中有1/2以上的公司符合行业底部拐点特征			
行业	股票	最近报表所属季度	是否符合行业底部拐点特征	符合行业底部拐点特征的公司家数及占比	行业底部拐点是否已来临
铝	焦作万方	2016一季度	否	抽样总家数：10 符合特征的家数：0 符合特征的家数占比：0	否
	神火股份	2016一季度	否		
	闽发铝业	2016一季度	否		
	明泰铝业	2016一季度	否		
	常铝股份	2016一季度	否		
	怡球资源	2016一季度	否		

通过表3－13的综合统计分析，我们可以看到，铝行业中抽样统计的上市公司中，还没有一家公司符合铝行业底部拐点特征，铝行业的周期性底部拐点尚未来临。

上面笔者以铝行业为例，通过抽样统计行业内相对具有代表性的公司，以实际财务数据为依据进行分析，对铝行业是否已经发生周期性底部拐点做出了判断。应该说，通过本章第二节构建的周期性行业拐点判断模型进行分析是简便而清晰的，在此举此一例，大家可以举一反三，对其他周期性行业的底部拐点和顶部拐点进行判断，并做出相应的投资决策。

第二部分

技术分析

技术分析是根据股票或其他金融产品过去的价格波动规律来推测未来价格波动趋势的一门艺术。说白了，技术分析就是预测股价走势，其中有一定的猜测成分，属于投机范畴。

但金融市场的价格走势是人类本性的一种反映，而人类本性大体保持不变，而且在相似的情况下趋向于产生一致的反应。因此，通过研究股票过去的价格波动规律，有助于我们总结出某些特征，并据此判断未来的价格波动趋势。因此，技术分析的重要性绝对不容忽视。

本书的技术分析部分主要讨论股票买卖点的技术特征，而不探讨市场总体所处的牛熊状态，因为市场的牛熊转换随时可能发生，如 2015 年 6 月开始的股灾。但是，即便那样的牛熊急剧转换，在上证指数5000点以上的高位还是出现了较多的技术卖点。同时，熊市中也会出现具备操作价值的较大级别反弹，牛市中也会出现较大幅度的调整而导致亏损惨重。因此，判断市场牛市何时来临、熊市何时结束之类的话题，还是交给那些股评人士，笔者没有太大的兴趣。

本书技术分析部分接下来的章节，将介绍几种较为经典的技术分析理论及其运用，包括趋势理论、量价关系、价格形态、技术指标、波浪理论、时间周期、股票市值大小与长期涨跌幅的关系等。

还是要特别强调一下，本书的理念是“价值投机”，选股票还是应以“价值”为基础，在确认标的股票具有投资价值的前提下，再结合技术分析来寻找买卖点。也就是说，基本面选股，技术面选择买卖点。

本部分接下来的各章内容，某些定义、运用方法等可能会与传统技术理论略有不同。应该说，传统经典技术理论经实践检验屡试不爽的精华部分，本书予以保留并有所提炼；传统技术理论在实际运用中遇到的不足之处，本书尽量想办法予以解决并提出了自己的看法。

第四章　趋势理论及其运用

趋势是相对于盘整而言的。趋势理论认为，一旦市场形成了上升（或下降）的趋势后，就将沿着上升（或下降）的方向继续运行，直至趋势逆转。

趋势从方向上分，可分为上升趋势和下降趋势。上升趋势的特点是行情一波比一波高，包括顶部高点的不断新高和底部低点的不断抬高。下降趋势的特点是行情一波比一波低，包括底部低点的不断新低和顶部高点的不断降低。

从周期上分，趋势可分为长期趋势、中期趋势、短期趋势和超短期周期。当然，周期长短只是一个相对概念，对于做超短线的人来说，日线级别的趋势就会认为是长期趋势；如果持股周期像巴菲特那样长，可能周线级别的趋势也会认为是短期趋势。这不存在对或错的问题，关键是在制定投资策略的时候要有周全的考虑，并最好能符合自身的特点，具体有关投资策略的问题在本书第三部分进行讲解。本书以月线或月线以上 K 线图上具有明显顶底部特征的趋势周期为长期趋势，以周 K 线图上具有明显顶底部特征的趋势周期为中期趋势，以日 K 线图上具有明显顶底部特征的趋势周期为短期趋势，以小时或以下单位 K 线图上具有明显顶底部特征的趋势周期为超短期趋势。

接下来讲讲趋势理论的具体运用。

第一节　K 线图的坐标设置

趋势理论，首先要解决如何画趋势线的问题。但画趋势线之前，首先要确定 K 线图的坐标设置问题。设置的坐标不同，画出的趋势线差异也很大，当然实际运用的效果好坏也是差距甚远。

K 线坐标设置方法：算术等差 VS 对数等比

股票软件的 K 线图坐标，主要有算术等差坐标和对数等比坐标两种，当然有些股票软件提供了更多的 K 线图坐标可供选择。

一般的股票软件，如果不对 K 线图的坐标进行设置，默认的 K 线图坐标基本都是算术等差坐标。但笔者可以负责任地说，算术等差坐标不那么好用，而且就画趋势线而言，以算术等差坐标画出的趋势线经常出现失灵。

笔者认为，以对数等比坐标画出的趋势线具有相当高的技术分析意义，建议将 K 线图坐标设置为对数等比坐标后再画趋势线。

这其中的道理是：市场价格是由投资者对基本事件的心理状态决定的。由于投资者的态度具有成比例波动的特点，因此，采用对数等比坐标能更真实、更好地反映价格波动的这一特点。

比如一只股票从每股 10 元开始上涨，一路震荡上行，一直涨到每股 100 元。如果有投资者在 10 元的时候买入，涨到 20 元时意味着每股涨了 10 元，对应的收益率是 100%；如果有其他投资者在 90 元的时候买入，涨到 100 元的时候，同样是每股涨了 10 元，但对应的收益率只有11%多一点。如果K线图采用算术等差坐标，那么股价从10元涨到20元与从90元涨到100元，在K线图上所体现的坐标比例是相同的，这显然不能很好地反映10元涨到20元与90元涨到100元之间的真实收益比例。如果采用对数等比坐标，那么股价从10元涨到20元，在K线图上所体现的坐标比例是从90元涨到100元的9倍，显然能更好地反映10元涨到20元与90元涨到100元之间的真实收益比例。

案例分析：恒瑞医药

笔者以恒瑞医药为例，通过图4－1和图4－2，读者可以直观感受一下算术等差坐标和对数等比坐标的差异。

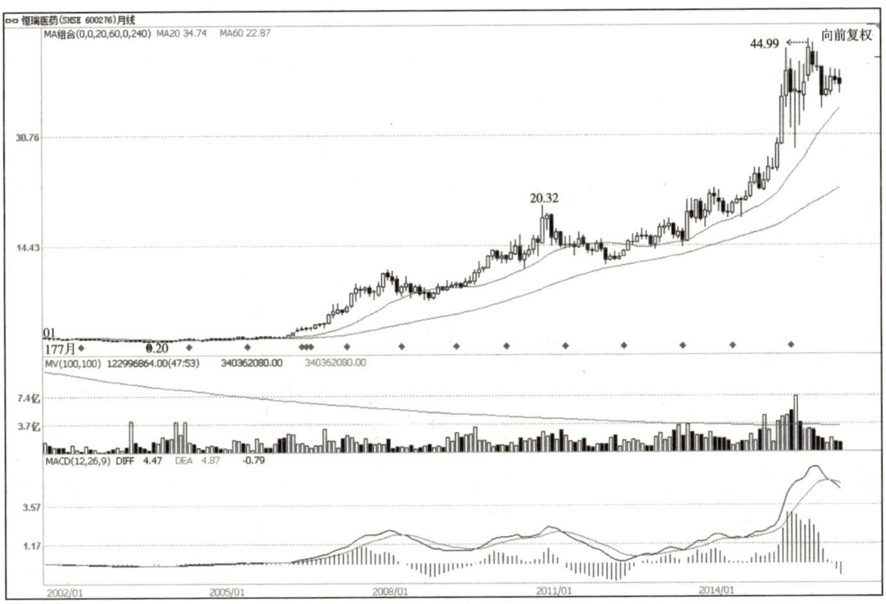

图4－1　恒瑞医药月K线图（算术等差坐标）

图4－1和图4－2是恒瑞医药分别用算术等差坐标和对数等比坐标表示的月线图，可以看出两者的差异是巨大的。从图4－1看，似乎

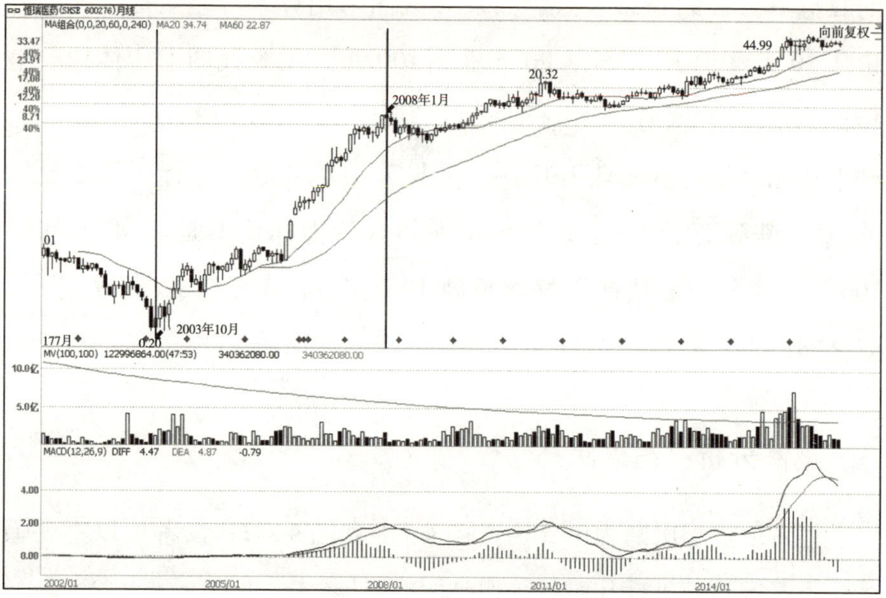

图 4－2　恒瑞医药月 K 线图（对数等比坐标）

恒瑞医药的持股收益比例在不断加速增长，但从图 4－2 中可以看出，恒瑞医药在 2003 年 10 月到 2008 年 1 月是持股收益比例最高的时期，之后开始步入稳定收益期。由此可见，采用对数等比坐标的 K 线图显然能更好地反映真实的持股收益比例。

案例分析：上海 B 股指数

从图 4－3 与图 4－4 的比较，我们可以看出，算术等差坐标与对数等比坐标的差异是巨大的。两图连接了相同的高点和低点画出趋势通道线，但以算术等差坐标画出的图 4－3 中的趋势通道线几乎没有发挥什么作用，而以对数等比坐标画出的图 4－4 中的趋势通道线则威力无穷。在趋势通道下轨买入几乎就是最低价，而在趋势通道上轨卖出几乎就是最高价。

因此，对于技术分析而言，选定更加有效的 K 线图坐标是第一

图 4－3　上海 B 股指数月 K 线图（算术等差坐标）

图 4－4　上海 B 股指数月 K 线图（对数等比坐标）

步，也是非常重要的一步。

相对于算术等差坐标而言，采用对数等比坐标时价格会更快地跌破上升趋势线；相反，采用算术等差坐标比采用对数等比坐标更容易突破下行趋势线。

图4-5　上海B股指数日K线图

（2015年1月9日—7月24日）（算术等差坐标）

从图4-5与图4-6的比较，我们可以看出，两图连接了相同的低点画出趋势线，以算术等差坐标画出的图4-5中的趋势线在2015年6月17日被跌穿，而以对数等比坐标画出的图4-6中的趋势线在2015年6月15日就已经跌穿，两者相差两个交易日。

需要说明的是，本书后面章节的K线图，如无特别说明，均采用对数等比坐标，不再另行注明。

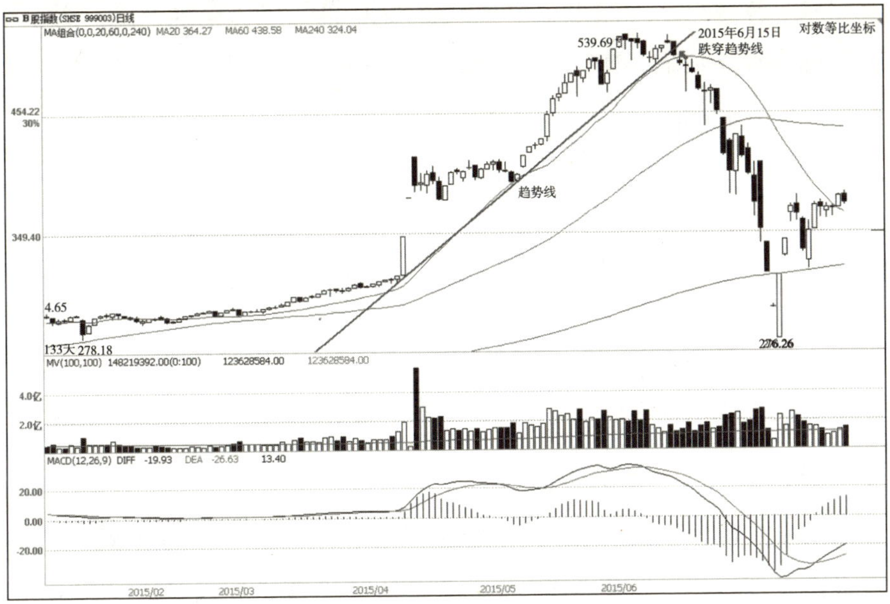

图 4－6　上海 B 股指数日 K 线图

（2015 年 1 月 9 日—7 月 24 日）（对数等比坐标）

第二节　趋势线、通道线和趋势通道的画法

所谓趋势线，就是根据股价上下变动的趋势轨迹所画出的直线。趋势线可分为上升趋势线和下降趋势线。

对传统理念的修正

● 传统理念

传统技术分析理论认为，股价在上升行情时，除了在连接股价波动的低点画出上升趋势线外，也应在连接股价波动的高点画一条与上升趋势线平行的直线，该平行直线被称为“上升通道线”。股价在上升趋势线与通道线之间上下波动，这就是“上升趋势轨道”。股价在下跌行情时，除了在连接股价波动的高点画出下降趋势线外，也应在股价波动的低点画一条与下降趋势线平行的直线，该直线被称为“下降通道线”。股价在下降趋势线与通道线之间上下波动，这就是“下跌趋势轨道”。

传统技术分析理论还认为，应当首先画出趋势线，然后再画出与趋势线平行的通道线。趋势线是主要的，具有更为重要的技术分析意义，通道线则相对次要。

● 修正

但笔者在实际运用中发现，趋势线与通道线几乎同等重要，因此笔者认为没有必要对趋势线和通道线的重要性进行区分。笔者还发现，趋势线与通道线有时并不平行，而对于选择合理的高点和低点进行连线则显得更加重要。

为此，笔者对传统技术分析理论关于趋势线、通道线和趋势通道的观点进行了如下变通。

在上升行情中，应该对合理的股价波动低点进行连接，画出直线，同时也应该对合理的股价波动高点进行连线，画出直线，股价在该两条直线之间上下波动，形成“上升趋势通道”。其中，连接股价波动低点的直线称之为“上升趋势下轨”，连接股价波动高点的直线称之为“上升趋势上轨”。在下跌行情中，应该对合理的股价波动高点进行连接，画出直线，同时也应该对合理的股价波动低点进行连线，画出直线，股价在该两条直线之间上下波动，形成“下降趋势通道”。其中，连接股价波动低点的直线称之为“下降趋势下轨”，连接股价波动高点的直线称之为“下降趋势上轨”。趋势上轨和下轨统称“趋势轨道线”。趋势通道上轨与下轨经常为平行线，但趋势通道上轨与下轨也可以不是平行线。

由于我们不再区分趋势线与通道线，而是把趋势线和通道线分别作为趋势通道的上轨和下轨，因此，对于传统技术分析理论所主张的“应该先画出趋势线，然后再画出与趋势线平行的通道线”的观点也进行了变通。

笔者的观点是：趋势通道的上轨和下轨，哪一条能先被画出来就先画哪一条。上升趋势的特点是行情一波比一波高，包括顶部高点的不断新高和底部低点的不断抬高。因此，在上升趋势形成之初，首先必须出现顶部高点的新高。如果顶部出现新高的同时底部已经抬高，那么就可以首先画出上升趋势下轨，待顶部高点形成后同时画出上升趋势上轨；如果顶部出现新高的同时底部还未出现抬高的情形，那么就应该待顶部高点形成后，首先画出上升趋势上轨。

下降趋势的特点是行情一波比一波低，包括底部低点的不断新低和顶部高点的不断降低。因此，在下降趋势形成之初，首先必须出现底部低点的新低。如果底部出现新低的同时顶部已经降低，那么就可以首先画出下降趋势上轨，待底部低点形成后同时画出下降趋势下轨；如果底部出现新低的同时顶部还未出现降低的情形，那么就应该待底部低点形成后首先画出下降趋势下轨。

如果已经画出的趋势轨道线（趋势上轨和下轨统称“趋势轨道线”，下同）在后面的行情中对价格运行不能构成有效的支撑或压力，那么说明行情可能并非按照预设的轨道在运行，待形成标志性顶部或底部后，应及时重新画出趋势轨道线。

案例分析：上升趋势

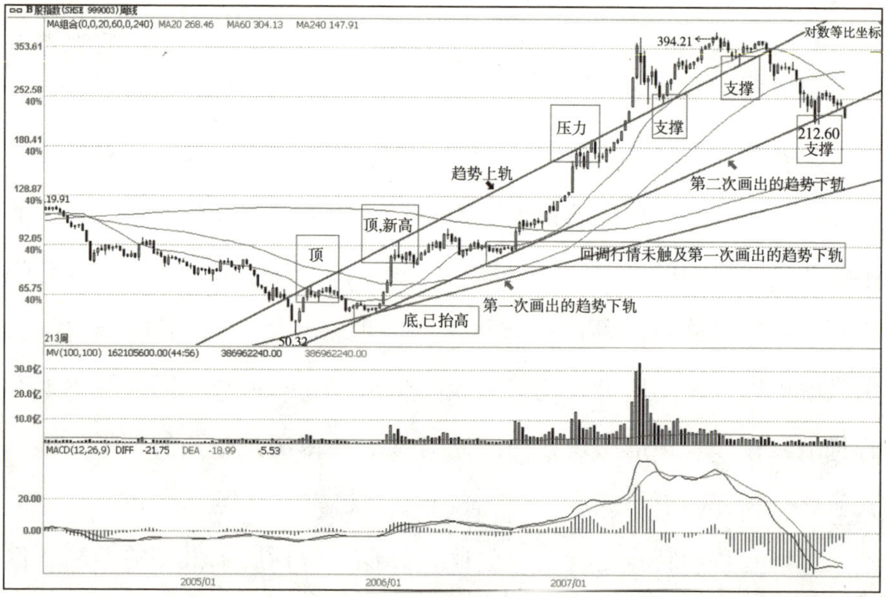

图 4 -7　上海 B 股指数周 K 线图（2004 年 3 月 19 日—2008 年 6 月 13 日）

从图 4 -7 我们可以看出，经过长期下跌后，第一次出现超过前期顶部高点的价格新高，意味着上升趋势行情可能已经来临，此时底部也已经抬高，我们首先画出趋势下轨（第一次画出的趋势下轨）；待价格第一次新高的行情高点形成后，我们画出趋势上轨；由于接下来的回调行情并没有触及第一次画出的趋势下轨，实际行情形成新的抬高的底部后，第二次画出趋势下轨。之后行情的实际走势，趋势上轨和第二次画出的趋势下轨对价格形成明显的支撑和压力，说明我们画出的趋势上轨和第二次画出的趋势下轨是合理、有效的。

从图 4 -8 我们可以看出，经过长期下跌后，第一次出现超过前期顶部高点的价格新高，意味着上升趋势行情可能已经来临，此时底部尚未抬高，待价格第一次新高的行情高点形成后，我们首先画出趋势上

图 4－8　上海 B 股指数周 K 线图（1997 年 10 月 10 日—2002 年 1 月 18 日）

轨；接下来的回调行情形成抬高的底部，我们画出趋势下轨（第一次画出的趋势下轨）；由于之后的行情走势形成抬高的底部并没有触及第一次画出的趋势下轨，实际行情形成新的抬高的底部后，第二次画出趋势下轨。之后行情的实际走势，趋势上轨和第二次画出的趋势下轨附近对价格形成明显的支撑和压力，说明我们画出的趋势上轨和第二次画出的趋势下轨是合理、有效的。同时，趋势上轨与第二次画出的趋势下轨正好形成两条平行线，更具典型性。

案例分析：下降趋势

从图 4－9 我们可以看出，经过长期上涨后，第一次出现超过前期底部低点的价格新底，意味着下降趋势行情可能已经来临，此时顶部也已经降低，我们首先画出趋势上轨（第一次画出的趋势上轨）；待价格第一次新低的行情低点形成后，我们画出趋势下轨；由于接下来

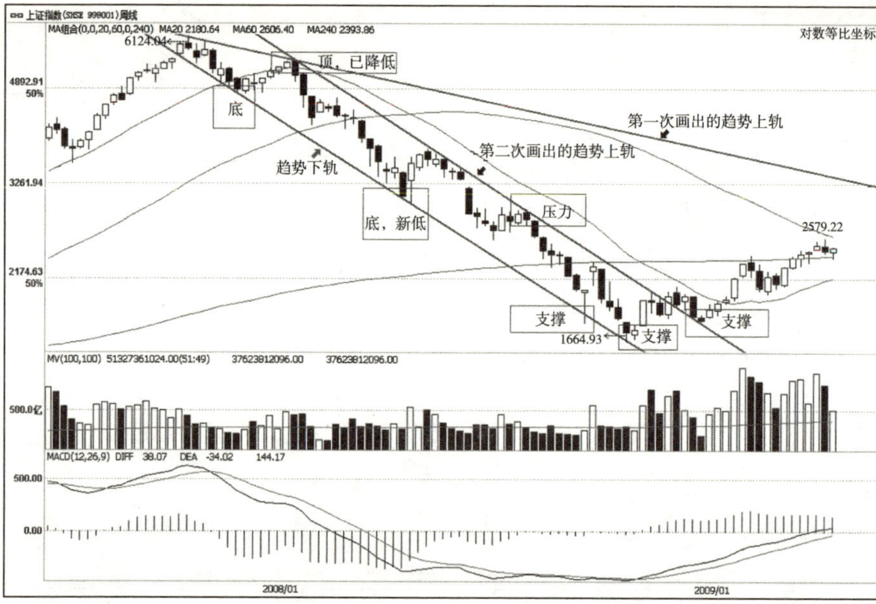

图4－9 上证指数周K线图（2007年6月15日—2009年4月30日）

的反弹行情并没有触及第一次画出的趋势上轨，实际行情形成新的降低的顶部后，第二次画出趋势上轨。之后行情的实际走势，趋势下轨和第二次画出的趋势上轨对价格形成明显的支撑和压力，说明我们画出的趋势下轨和第二次画出的趋势上轨是合理、有效的。同时，趋势下轨与第二次画出的趋势上轨正好形成两条平行线，更具典型性。

从图4－10我们可以看出，经过长期上涨后，第一次出现超过前期底部低点的价格新低，意味着下降趋势行情可能已经来临，此时顶部尚未降低，待价格第一次新低的行情低点形成后，我们首先画出趋势下轨；接下来的反弹行情形成降低的顶部，我们画出趋势上轨；之后行情的实际走势体现出趋势下轨附近对价格形成明显的支撑，说明我们画出的趋势下轨应该是合理、有效的，趋势上轨是否合理有效则有待今后行情走势的验证。

图 4－10　上证指数周 K 线图（2014 年 5 月 30 日—2016 年 4 月 1 日）

第三节　趋势理论的运用要点

趋势分析应遵循周期由长到短的原则

如前所述，从周期上分，趋势可分为长期趋势、中期趋势、短期趋势和超短期周期。本书以月线或月线以上 K 线图中具有明显顶底部特征的趋势周期为长期趋势，以周 K 线图上具有明显顶底部特征的趋势周期为中期趋势，以日 K 线图上具有明显顶底部特征的趋势周期为短期趋势，以小时或以下单位 K 线图上具有明显顶底部特征的趋势周期为超短期趋势。

趋势分析不是简单地画几条趋势轨道线，而是应当遵循一定的原则进行系统分析，通常趋势分析应遵循周期由长到短的原则。因此，趋势分析首先应分析长期趋势，接着分析中期趋势，然后分析短期趋势，最后分析超短期趋势。

案例分析：以创业板指数为例

第一步，打开创业板指数月线图，画出月线图上的趋势轨道线，如图4－11所示。

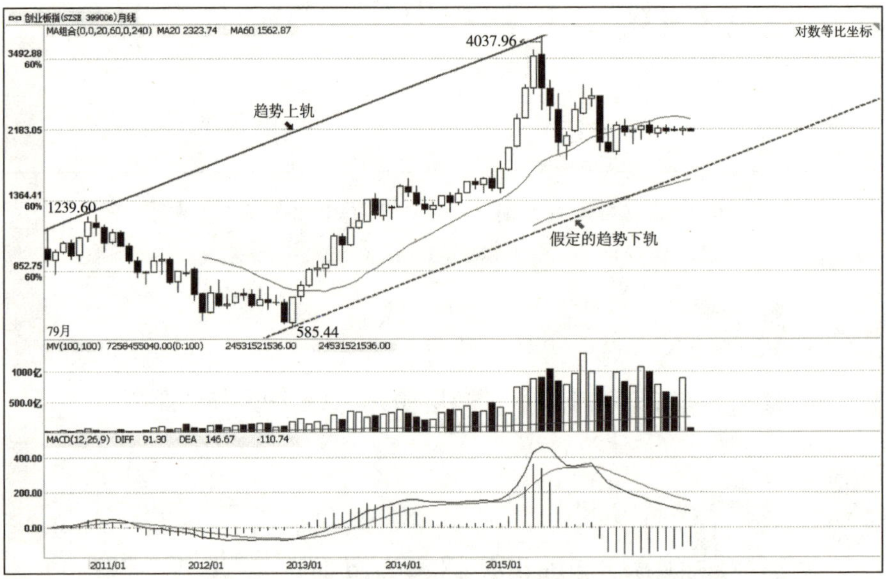

图4－11　创业板指数月K线图

从图4－11我们可以看出，创业板月线图总体处于震荡上行的上升趋势。我们可以清晰地画出趋势上轨，但趋势下轨还不太好画，因为无论以哪个次低点与最低点进行连线，对行情的实际走势均未能形成有效的支撑、压力，因此我们先不画趋势下轨。但是，根据传统技术分析理论以及在实际运用中的经验，趋势上轨和下轨经常保持平行，因此我们画了一条与趋势上轨平行的虚线，以此作为假定的趋势下轨。预判的意义是：创业板指数如果持续走熊，那么在虚线的假定趋势下轨附近应该有较强的支撑，并有可能产生较大级别的反弹甚至反转行情。

第二步，打开创业板指数周线图进行画线，如图 4－12 所示。

图 4－12　图 4－12 创业板指数周 K 线图

从图 4－12 我们可以看出，创业板指数周线图上，最重要的趋势轨道线只有一条，那就是连接 2010 年 12 月高点与 2014 年 2 月高点的直线。该直线原来属于创业板指数中期趋势上轨，之后该上轨被突破，但在后来的下跌行情中，该条趋势轨道线对行情形成重要支撑，一回落到该条趋势轨道线立马止跌，并形成大级别反弹行情。从目前的技术图形来看，该条趋势轨道线意义重大，如果该趋势轨道线不被跌破，创业板指数有望以该趋势轨道线为支撑，维持震荡向上的格局；但若该趋势轨道线被有效跌破，未来该趋势轨道线可能对行情的上涨构成较大压力。

第三步，打开创业板指数日 K 线图进行画线，如图 4－13 所示。

图 4－13　创业板指数日 K 线图（2014 年 10 月 27 日—2016 年 4 月 1 日）

从图 4－13 我们可以看出，创业板指数处于顶部降低、底部抬高的形态，属于盘整，底部连线构成盘整区间下轨，顶部连线构成盘整区间上轨。应该说该盘整区间还是比较大的，盘整区间上轨可能会有较大压力，而一旦向上有效突破则可能意味着走牛；盘整区间的下轨可能会有较大的支撑，一旦被有效击穿可能意味着继续走熊。细心的读者可能会发现，盘整区间下轨正好与周 K 线图的最重要的趋势轨道线重合，该盘整区间下轨的技术分析意义重大。

当然，还可以打开小时图、15 分钟图等进行分析，本书此处不再展开。

趋势理论的买卖点判断

趋势理论对于买卖点的判断，一般遵循如下原则。

（1）无论行情是上升趋势还是下跌趋势，当股价触及趋势上轨时通常是卖出时机，当股价触及趋势下轨时通常是买入时机。

（2）若股价处于上升趋势通道，当股价突破趋势上轨时，通常股价会加速上涨。同理，若股价处于下跌趋势通道，当股价突破趋势下轨时，通常股价会加速下跌。

（3）若股价处于上升趋势通道，当股价开始无法触及趋势上轨时，说明市场可能没有力量继续维持原有的上升趋势了，表示涨势趋弱，应及时止盈离场。同理，若股价处于下降趋势通道，当股价开始无法触及趋势下轨时，说明市场可能没有力量继续维持原有的下降趋势了，表示跌势趋弱，应随时准备择机买入。

（4）上升趋势下轨是股价回撤的重要支撑点，当上升趋势下轨被跌破时，形成卖出信号。下降趋势上轨是股价反弹的重要阻力位，一旦下降趋势上轨被突破，形成买入信号。

（5）趋势轨道线被突破后，通常会有回抽确认的过程，回抽到被突破的趋势轨道线时是较好的买点或卖点。

案例分析

● 华东医药

从图 4 – 14 我们可以看出，华东医药从 2012 年 2 月开始，股价沿着上升趋势通道一路震荡上行，趋势上轨成为重要压力线，趋势上轨附近形成阶段性卖点；趋势下轨形成重要支撑线，趋势下轨附近形成阶段性买点，该上升趋势历时超过 4 年。直至 2016 年 4 月下旬才跌破趋势下轨，形成技术上的卖点。

● 金种子酒

从图 4 – 15 我们可以看出，金种子酒在 2014 年 6 月 20 日之前形

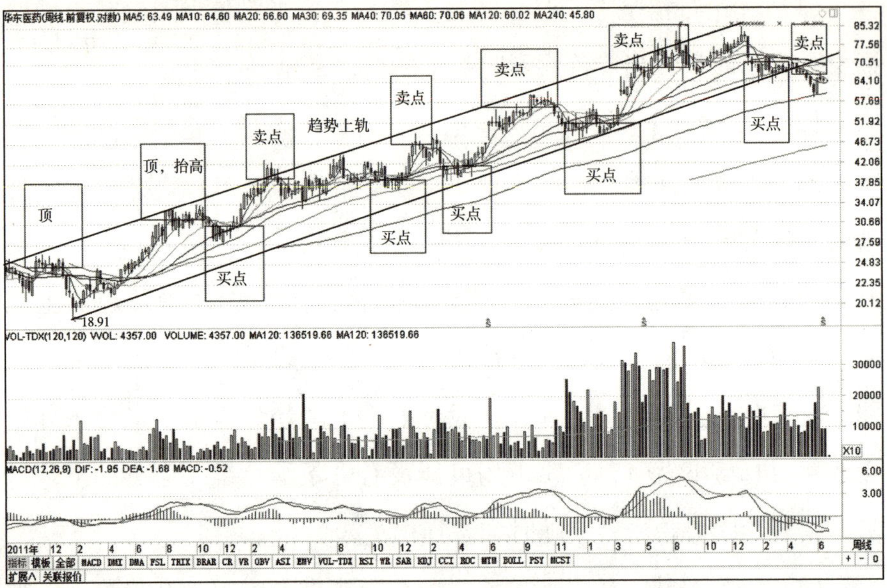

图 4-14　华东医药周 K 线图（2011 年 8 月 26 日—2016 年 6 月 20 日）

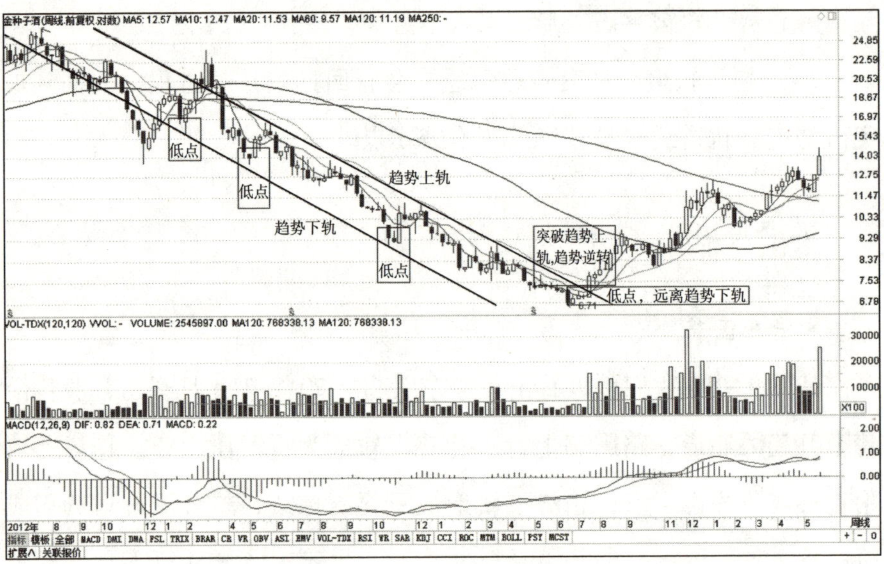

图 4-15　金种子酒周 K 线图（2012 年 6 月 1 日—2015 年 5 月 29 日）

成的阶段性低点一直都是触及下降趋势下轨或离下降趋势下轨非常近，但 2014 年 6 月 20 日形成的低点明显远离下降趋势下轨，说明市场可能没有力量继续维持原有的下跌趋势了，表示跌势趋弱，应随时准备择机买入。结果之后的股价走势突破了下降趋势上轨，趋势逆转，股价大幅上扬，说明下降趋势的上轨被突破是重要的趋势逆转信号和买入信号。

- **康美药业**

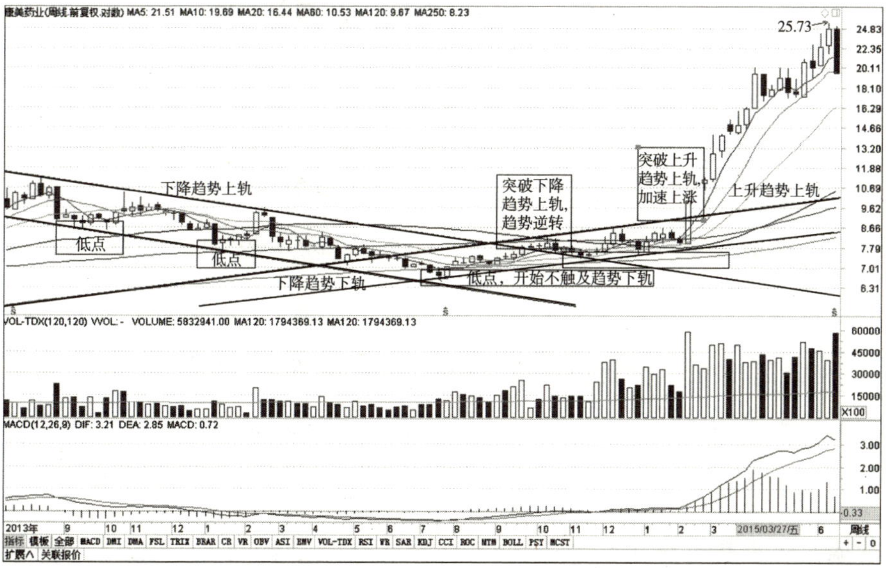

图 4-16　康美药业周 K 线图（2013 年 7 月 19 日—2015 年 6 月 19 日）

从图 4-16 我们可以看出，康美药业在 2014 年 7 月 18 日之前形成的阶段性低点一直都是触及下降趋势下轨或离下降趋势下轨非常近，但 2014 年 7 月 18 日形成的低点明显离下降趋势下轨较远，说明市场可能没有力量继续维持原有的下跌趋势了，表示跌势趋弱，应随时准备择机买入。结果之后的股价走势突破了下降趋势上轨，趋势逆转，随后股价又回抽确认下降趋势上轨，形成较佳的买入点。股价经震荡攀升后，于 2015 年 2 月 13 日突破上升趋势上轨，开始加速上行。

第五章　量价关系及其运用

成交量是指一个时间单位内某项交易成交的数量。股市成交量即一个时间单位内股票交易的数量。成交量不仅能较好地反映买卖双方的交易热情，而且是一个完全独立于价格的变量，具有非常重要的技术意义。广义的成交量包括成交股数、成交金额、换手率；狭义的成交量仅指成交股数。本书所说的成交量是指狭义的成交量。

量价关系是指股票成交量与价格走势的关系。成交量的研究必须与股价走势相结合才有意义。

第一节　量价分析的葛兰碧法则

关于成交量与股价趋势分析，美国投资专家葛兰碧（Joseph E. Granville,又译为格兰威尔）总结了九大法则，具体如下：

第一条：价格随着成交量的递增而上涨，为市场行情的正常特性，此种量增价升的关系，表示股价将继续上升。

解读：价升量增为市场行情的正常特征，表示股价将继续上升。例如：温和放量攀升，通常预示股价将持续上涨。

第二条：在一个波段的涨势中，股价随着递增的成交量而上涨，突破前一波的高点，创下新高价。然而，此段股价上涨的整个成交量水平却低于前一个波段上涨的成交量水平。即股价创新高，成交量未创新高，则该波段股价涨势令人怀疑，可能是股价趋势潜在的反转信号。

解读：股价与前一波高点相比创了新高，成交量却未创新高，则涨势令人怀疑，有可能反转。常见：拉高诱多，假突破实则出货等行情。

第三条：在一个波段的涨势中，股价上涨，成交量却逐渐萎缩。成交量是股价上升的原动力，成交量不足预示股价趋势潜在的反转信号。

解读：在一波上涨行情中，价升量减，与上述第一条法则正好相反，表明股价上升动力不足，随时可能转为下跌。常见：下跌趋势中的反弹，股价上涨没有相应的成交量放大作为支撑，股价随时可能掉头向下。

第四条：有时股价随着缓慢递增的成交量而逐渐上升，渐渐地，走势突然成为垂直上升的喷发行情，成交量急剧增加，股价跃升暴涨；紧随着此波走势，继之而来的是成交量大幅萎缩，同时股价急速下跌。这种现象表明涨势已到末期，上升乏力，显示出趋势有反转的迹象。反转所具有的意义，将视前一波股价上涨幅度的大小及成交量增加的程度而言。

解读：成交量大幅增加、股价暴涨，但随后成交量又大幅萎缩、股价暴跌，这表明涨势已到末期，很可能形成倒 V 尖顶。常见：股价经长期震荡攀升累积较大涨幅后，主力资金在高位开始对敲拉升，成交量急剧放大，待完成大部分股票派发后，又开始砸盘清仓抛售最后的股票。这种走势往往意味着股价将进入长期下跌。

第五条：股价走势因成交量的递增而上升，是十分正常的现象，并无特别暗示趋势反转的信号。

解读：股价一波比一波高，伴随着成交量峰值也是一波比一波高，通常预示着原趋势将延续。

第六条：股价在长期下跌形成谷底后，股价回升，成交量并没有随股价上升而递增，股价上涨欲振乏力，然后再度跌落至原先谷底附近，或高于谷底。当第二谷底的成交量低于第一谷底时，是股价将要上升的信号。

解读：股价经过长期下跌后，在成交极其清淡的情况下形成一个谷底，但之后形成的第二个谷底的成交量比第一个谷底还要少，并且第二个谷底的价格与第一个谷底基本持平，表明股价已经跌无可跌，是股价将要上升的信号。常见：股市经历了长期熊市，绝大多数人已经开始不再关注股市，被套的也不想再“割肉”，成交量趋于“死亡”，而上涨行情往往在绝望中悄然诞生。

第七条：股价往下跌落一段相当长的时间，市场出现恐慌性抛售，此时随着日益放大的成交量，股价大幅度下跌；继恐慌卖出之后，预期股价可能上涨，同时恐慌卖出所创的低价，将不可能在极短的时间内跌破。因此，随着恐慌大量卖出之后，往往是（但并非一定是）空头市场的结束。

解读：股价经过长期下跌后，如果出现恐慌性抛售，成交量明显放大，则空头行情有望结束。常见：突发性利空消息打击，引发大量抛盘，但主力资金却借机吸货，吸货完成后展开上涨行情。关注股价所处的位置很重要，如果股价是在半山腰，就有可能筑底不成功，如果股价是在历史低位附近，则就此筑底的概率就很大。

第八条：股价下跌，向下突破股价形态、趋势线或移动平均线，同时出现了大成交量，是股价下跌的信号，明确表示出下跌的趋势。

解读：股价高位放量下跌，并形成股价形态、趋势线或移动平均线的破位，是下跌趋势即将形成的重要信号。

第九条：当市场行情持续上涨较长时间之后，出现急剧增加的成交量，而股价却上涨无力，在高位横盘整理，无法再向上大幅上升，表明股价在高位抛压沉重，上涨遇到了强阻力，此为股价下跌的先兆，但股价并不一定必然会下跌。股价连续下跌之后，在低位区域出现大成交量，而股价却没有进一步下跌，仅出现小幅波动，此即表示进货，通常是上涨的前兆。

解读：股价高位放量滞涨，通常是股价即将或已经见顶的信号；股价低位放量止跌，通常是股价即将或已经见底的信号。常见：股价高位放量滞涨时，通常由于内幕消息人士已经提前得知某些利空消息并开始大举出货，但市场人士尚未知晓，因此市场人气还能维持，成交量未见明显萎缩，待利空消息出来后股价出现大幅下跌；股价低位放量止跌时，通常由于内幕消息人士已经提前得知某些利好消息并开始大举接货，但市场人士尚未知晓，继续卖出，成交量放大，待利好消息出来后股价出现大幅上涨。

葛兰碧总结的量价关系九大法则历经实践检验，是较为全面的。但是，笔者认为量价关系在判断大盘顶底特征上的准确性要远远高于在个股上的运用效果。因为个股比较容易受到资金操纵的影响，仅仅依靠量价关系来判断买卖点相对困难，尤其是小盘股。而大盘指数由于交易群体复杂，人数众多，被资金操纵的难度相对较大，因此大盘指数的技术分析意义通常都会比个股更具代表性。

已经有不少人发现，在量价关系上，上证指数的技术分析意义最为重大。下一节我们将以上证指数25年来的实际走势为例，具体分析量价关系的顶底特征及买卖点。

第二节　从上证指数历史走势看量价关系的顶底特征及买卖点

上证指数自1990年12月19日开始发布以来，在量价关系上一直保持着良好的技术分析意义。下面让我们来对上证指数开始发布以来的主要波段行情的量价关系逐一进行分析，以便可以从中直观地感受到量价关系的顶底部特征及买卖点。

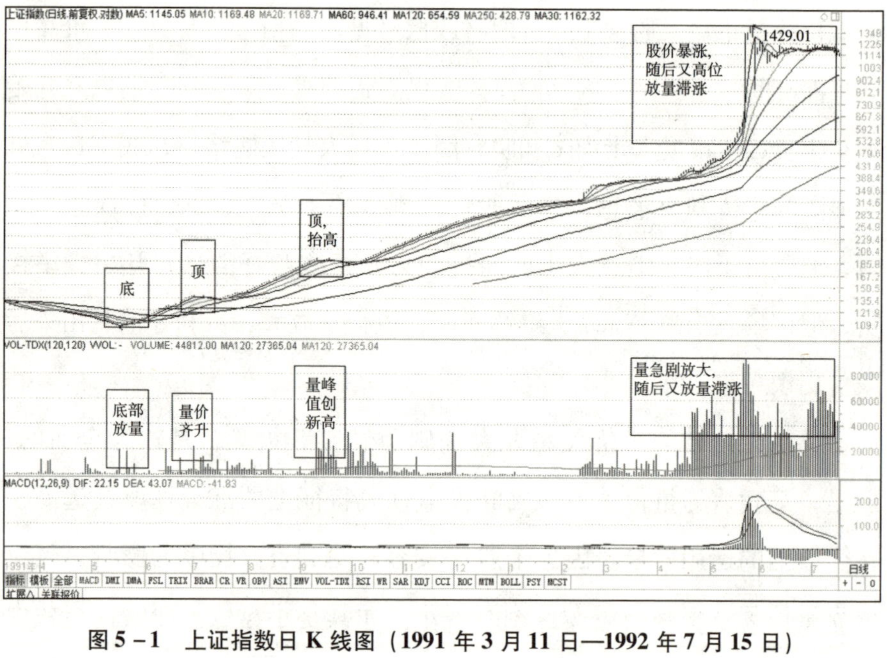

图5－1　上证指数日K线图（1991年3月11日—1992年7月15日）

从图5－1我们可以看出，行情经过长期下跌后，在底部开始放量止跌，此为重要的见底信号。如果此时及时跟进，几乎是买在最低点。

随后的行情量价齐升，预示着上升行情将延续，可以在回调时大胆跟进。接下来的一波行情，价格创新高，成交量同时创新高，预示着上升趋势行情将延续，回调时仍可介入。再往下的行情一路攀升，之后又加速上涨，成交量暴增，随后又出现高位放量滞涨，典型的见顶特征。如果在放量滞涨阶段卖出，刚好卖在行情的高位。

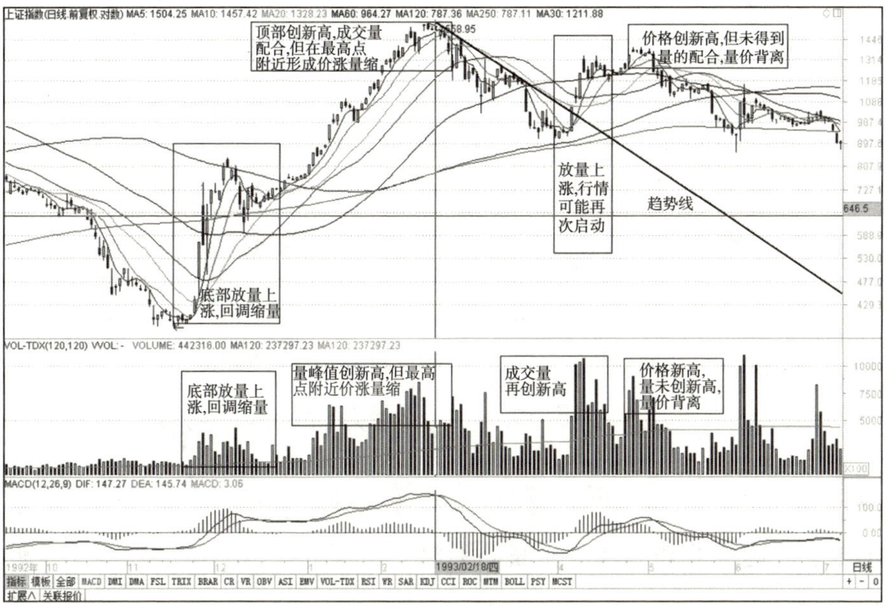

图 5-2　上证指数日 K 线图（1992 年 9 月 17 日—1993 年 7 月 7 日）

从图 5-2 我们可以看出，行情经过长期下跌，开始底部放量，若在第一波上涨行情的回调中及时介入，可以买在相对低位。之后行情一路上扬，但在最高点附近形成价升量缩的情形，明显的涨势难以为继的信号，若此时卖出，几乎卖在最高点。接下来行情大幅回调，接着又开始放量突破下降趋势线，并且成交量创出新高，行情有再次起动的迹象，但总体累积涨幅已高，介入还须谨慎，至少仓位不能太重。随后的一波行情价格创新高，成交量却没有创新高，形成量价背离。接下来的行情大幅下跌，进入熊市。

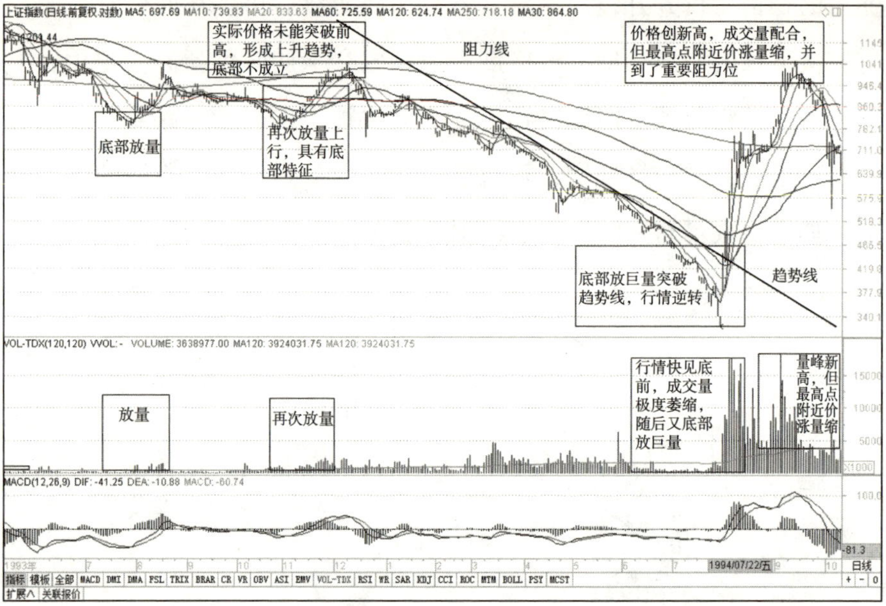

图5-3 上证指数日K线图（1993年5月12日—1994年10月13日）

从图5-3我们可以看出，行情经过长期下跌，开始底部放量，并有构筑双底迹象。但随后实际行情未能超过前期顶部创新高，不具备形成上升趋势的必要条件，底部不成立。随后行情一路下跌，在接近底部时成交量极度萎缩，表明绝大多数人已经开始不再关注股市，被套的也不想再“割肉”，成交量趋于“死亡”，而上涨行情往往在绝望中悄然诞生。随后底部放巨量突破下降趋势线，确认底部。若在突破下降趋势线时及时介入，可以买在相对低位。之后行情一路上扬，但在最高点附近形成价升量缩的情形，明显的涨势难以为继的信号，同时又到了重要阻力位，若此时卖出，几乎卖在最高点。

从图5-4我们可以看出，行情经过长期调整，在底部附近成交量极度萎缩，表明绝大多数人已经开始不再关注股市，被套的也不想再“割肉”，成交量趋于“死亡”。随后行情开始放量上涨，若此时能及时跟进，可以买在低位。接下来的行情震荡上行，量价配合良好，表

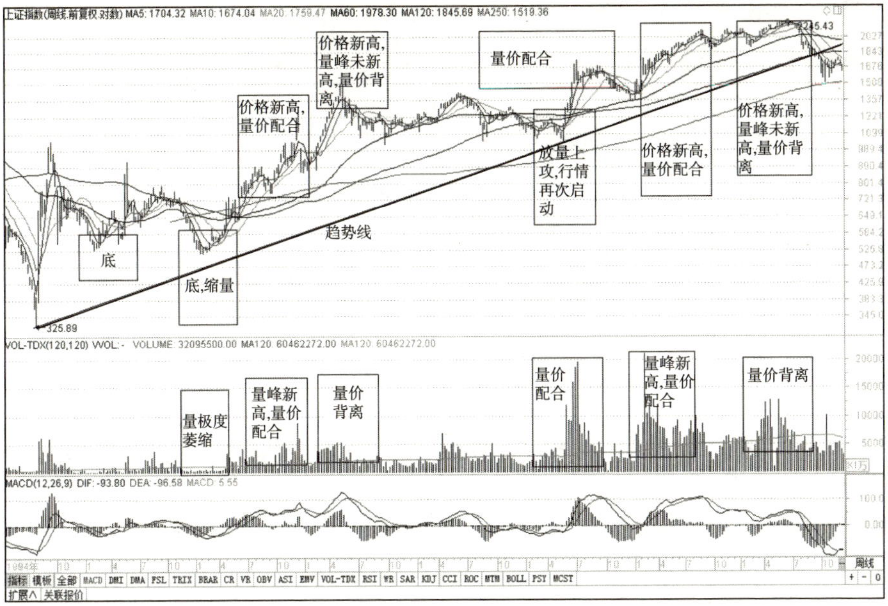

图 5－4　上证指数周 K 线图（1994 年 4 月 22 日—2001 年 12 月 21 日）

明上升行情将延续，可以择机逢低介入。直至在 1997 年 5 月 16 日那一周形成高点的那波行情中，价格创新高，而成交量的量峰未能同步创新高，形成量价背离，是行情见顶的重要信号。随后行情开始了长期的震荡整理，并于 1999 年 5 月 28 日那一周行情开始再次放量上涨，若此时及时跟进，可以买在一个较理想点位。随后行情一路震荡上扬，成交量配合良好，表明上升行情将延续。直至 2001 年 6 月形成高点的那一波行情，价格创新高，而成交量的量峰未能同步创新高，形成量价背离，是行情见顶的重要信号，如果在此时及时清仓，可以卖在最高点附近。

从图 5－5 我们可以看出，行情经过长期下跌，开始放量上攻，并且在回调过程中明显缩量，有筑底成功迹象。若在再次开始放量上涨时及时介入，可以买在较理想的点位。随后行情开始大幅上涨，并突破前期顶部高点，但量峰始终未能伴随行情创出新高，涨势令人怀疑。此时应将行情性质视为反弹来对待，应随时准备择机获利了结。比如，

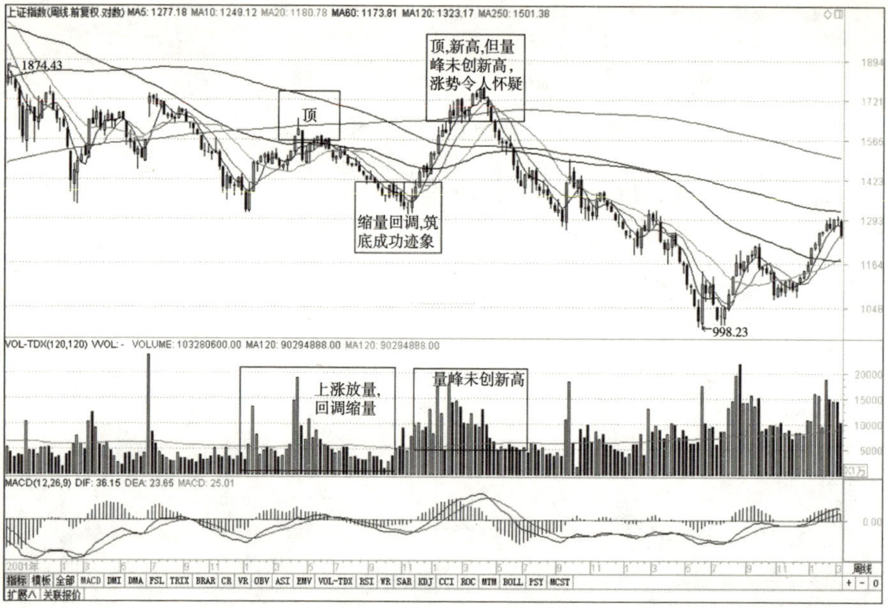

图 5－5　上证指数周 K 线图（2001 年 9 月 14 日—2006 年 3 月 10 日）

找一个日线级别或者 60 分钟级别的趋势线破位即获利了结。接下来的行情又开始大幅下跌。

从图 5－6 我们可以看出，行情经过长期下跌，开始严重缩量，表明绝大多数人已经开始不再关注股市，被套的也不想再“割肉”，成交量趋于“死亡”。随后行情开始底部放量温和上涨，虽未创新高，但量峰已经先于行情创新高，同时回调缩量，底部特征明显。若此时能及时跟进，可以买在低位。接下来的行情震荡上行，量价配合良好，表明上升行情将延续，可以择机逢低介入。之后的行情一路震荡走高，量价齐升，成交量配合良好，可以一路持有，或者逢低买入。直至在 2007 年 10 月 19 日那一周形成高点的那波行情中，价格创新高，而成交量的量峰未能同步创新高，形成量价背离，并且在该波行情的高点附近形成明显的价升量缩，是非常典型的行情见顶信号，如果此时择机清仓，几乎卖在最高点。不久后，行情跌破上升趋势线，接下来行

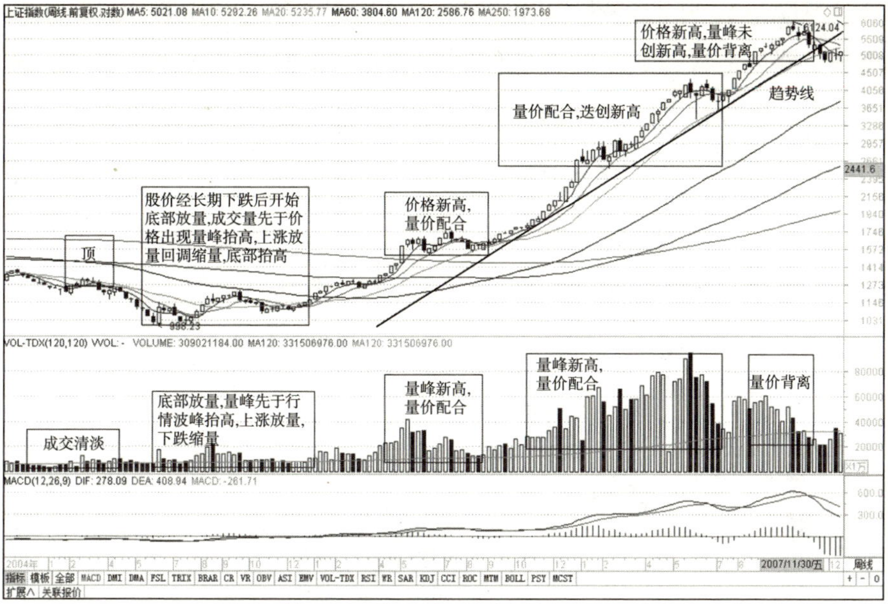

图5－6　上证指数周K线图（2004年11月12日—2007年12月21日）

情一路下跌，进入慢慢熊途。

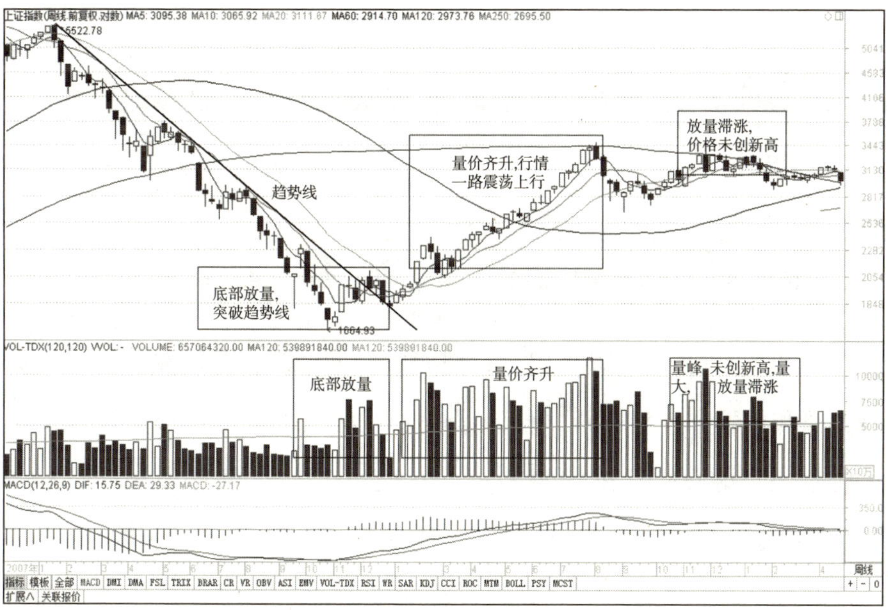

图5－7　上证指数周K线图（2007年11月30日—2010年4月23日）

从图 5－7 我们可以看出，行情经过长期下跌，开始底部放量，并突破下降趋势线，典型的见底信号，随后回调回抽趋势线，若在突破趋势线时或回抽确认趋势线时及时介入，都将买在理想的位置。随后行情一路上扬，量价齐升，配合良好，可一路持有，同时也可考虑逢低做多。接下来的一波行情未能创出新高，成交量的量峰也未能创出新高，但成交量依然很大，属于放量滞涨，典型的行情难以为继或调整信号，若此时清仓，可以卖在次高位。之后行情重归熊途。

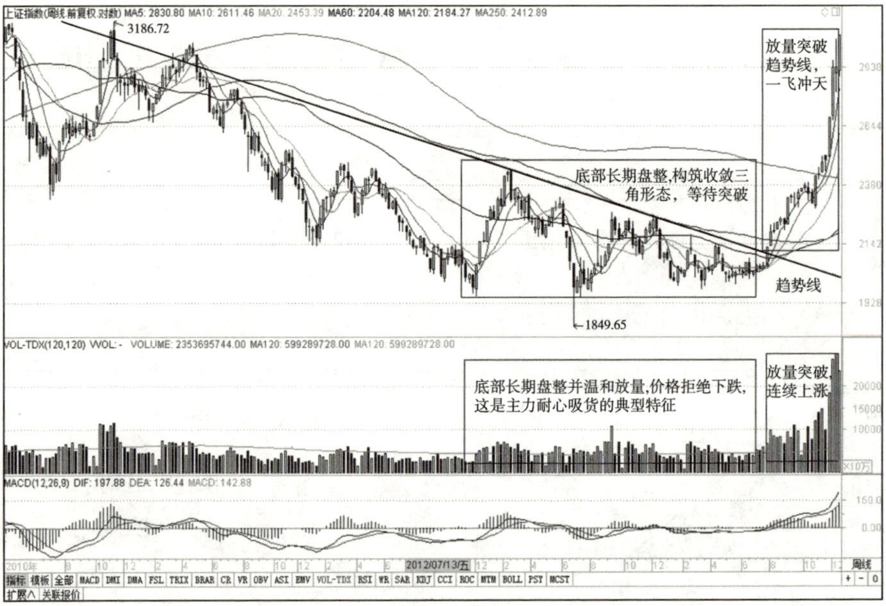

图 5－8　上证指数周 K 线图（2010 年 4 月 2 日—2014 年 12 月 19 日）

从图 5－8 我们可以看出，行情经过长期下跌，开始在底部长期盘整，温和放量并拒绝下跌，构筑了一个超大型收敛三角形态，这是主力资金长期耐心吸货的典型特征。有股谚云："横有多长，竖有多高"，因此，这种盘整行情一旦放量向上突破，往往意味着狂飙的"疯牛"行情。如果能在突破趋势线时及时介入，应该是相当不错的点位。突破趋势线后的行情连续放量大涨，量价配合理想，表明上涨行情尚无结束迹象，应以持仓为主。

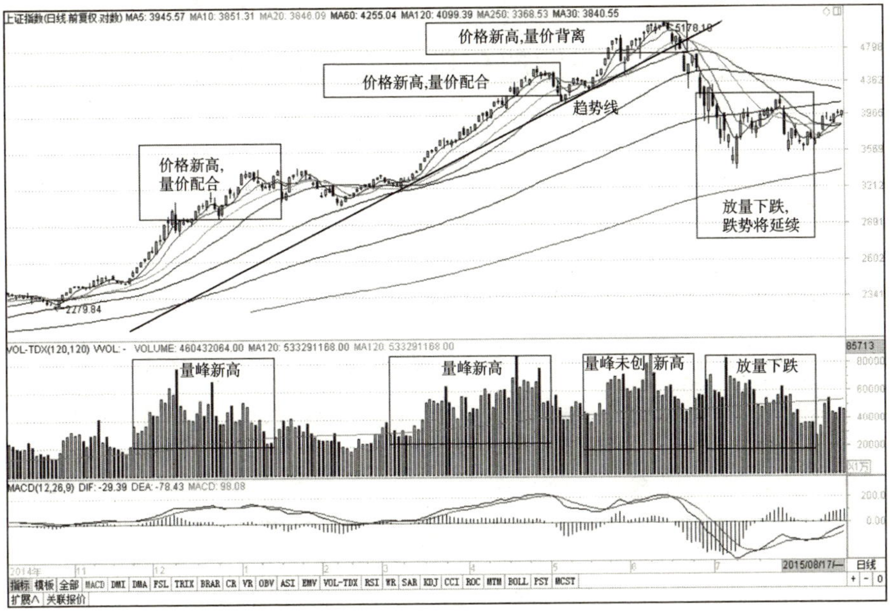

图 5－9 上证指数日 K 线图（2014 年 10 月 9 日—2015 年 8 月 17 日）

从图 5－9 我们可以看出，行情在震荡上扬过程中，前两波行情的上涨都得到成交量的配合，价格创出新高的同时，成交量峰位一并创出新高，表明上升趋势有望延续，在这两波行情的回调中都是介入机会。但到了 2015 年 6 月见顶的行情中，价格创出新高的同时，成交量峰位并未创出新高，是典型的行情难以为继的信号，并且在最高点附近形成价涨量缩的背离走势，预示着行情随时可能见顶回落，若此时清仓，基本卖在最高位。接下来的行情，没过几天就跌破上升趋势线，这时是清仓离场的明确信号。随后行情放量暴跌，预示着跌势有望延续，如果短线技术不过硬，不应轻易去博反弹。

以上是从量价关系的角度，对上证指数 25 年来主要的较大级别行情的历史回顾。希望读者能从中真正学到量价分析的技术精华，并举一反三，能在实际操作中运用自如。

第三节 上证指数在量价关系上的特有规律

笔者还发现，上证指数在量价关系上有一些特殊的规律，这是在其他指数或股票中未被确认的，为上证指数所独有。

该规律为：上证指数在一波日线级别的上升行情结束后，形成价格峰位和成交量峰位，随后行情开始回调，成交量开始萎缩；当成交量萎缩到峰位值的30%以下时，行情接近调整完毕，新一轮行情随时可能诞生；成交量萎缩的幅度越大、保持在峰位值30%以下的天数越多，随后发动的行情通常也越大。

首先声明，目前还有其他人也发现了与此相类似的规律，但具体应用上与笔者有所不同。在实际运用中，这一规律在很多时候都能发挥神奇的作用。

我们可以简单地来看一幅图，以便有个直观的体会。

图5-10是截至本章内容写作时，最新的上证指数日K线图。上证指数在高位形成价格峰位和成交量峰位，随后进入调整期，成交量开始萎缩，直至2015年9月成交量萎缩至峰位值的30%以下，形成量谷，随后展开了一波较大的反弹行情。在反弹的高点，再次形成价格峰位和成交量量峰，随后行情继续下跌，成交量开始萎缩，并于2016年1月下旬至2月中旬再次萎缩到反弹行情成交量峰位值的30%以下，形成量谷。我们惊喜地发现，如果在成交量谷底处择机抄底买入，几乎都是抄在最低点附近。这可以直观地说明这一规律的神奇之处。

当然，这一规律随着运用的人越来越多，将来有可能会失效，但至少目前仍然发挥着神奇的底部预示作用。现在笔者在本书中予以公

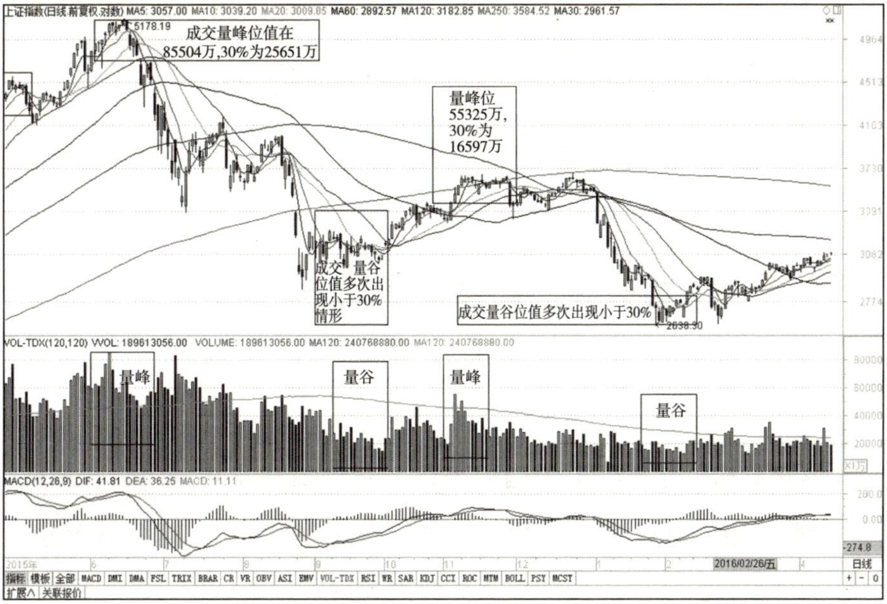

图 5－10　上证指数日 K 线图（2015 年 4 月 24 日—2016 年 4 月 15 日）

布，与读者共享。但还是要再次强调，这是上证指数的独有规律，不能简单地套用到其他指数或股票中。

第六章 价格形态及其运用

第四章和第五章介绍了趋势理论和量价关系及其运用，应该说，趋势理论和量价关系理论是技术分析的基础和根本，其他的技术分析理论有很多是趋势理论和量价关系理论的衍生。比如本章要介绍的价格形态，以及本书第二部分接下来的有关章节所介绍的技术分析理论，其基础理论有很多都是源于趋势理论和量价关系。

第一节 价格形态理论：不同于传统

很多技术分析类书籍非常重视价格形态分析，他们把价格走势中若干典型的形态进行归纳，并加以命名，认为这些价格形态一旦突破，价格将向突破的方向运行一定的幅度，并且该幅度可以用一定的度量标准进行预测，并以此来判断买卖时机。

传统的价格形态分析理论将价格形态区分为底部形态、顶部形态和整理形态。顶部形态和底部形态主要有头肩顶底、双重顶底、三重顶底、V 形顶底、圆弧顶底（或锅形顶底）、三角形顶底、菱形顶底（钻石形顶底）、楔形顶底、矩形顶底等。整理形态主要有三角形、菱形、旗型、楔形、矩形等。这些价格形态分类和用法在很多技术分析类书籍中都有讲到，互联网上也可以轻松搜索到，因此本书就不再展开进行讲解，有兴趣的读者可以通过互联网搜索有关资料进行研究。

价格形态分析的实际运用

笔者的观点与传统价格形态分析理论有所不同。笔者认为，实际的价格走势最终将构建何种价格形态来完成筑底、筑顶或结束盘整，是很难预测的，因为价格形态的最终完成是以有效突破颈线位为标志，而颈线位的突破并非经常一蹴而就，多数时候反而是突破之后又回到颈线位之内，使得原本预期的价格形态发生变形。这时候又需要重新画出颈线位，而变形几次才最终形成对颈线位的有效突破也是很难预测的，或者最终都无法有效突破颈线位也是很正常的。因此，研究历史走势构筑的价格形态及其之后的价格走势，意义并不重大，也很难作为现在价格走势的研判依据。

其实，价格走势形成什么样的形态并不重要，重要的是突破的有效性。通常而言，上涨突破必须有成交量放大的配合；下跌破位则不需要成交量放大作为配合，但放量下跌往往预示着更快的下跌速度及/或更大的下跌幅度。

价格形态区分底部形态、顶部形态或者整理形态也是没有意义的，因为价格形态在选择方向进行突破之前，其实就只有一种形态——整理形态。一旦向上突破成功意味着盘整结束，并进入新的上升趋势行情；一旦向下突破成功也意味着盘整结束，进入新的下跌趋势行情。而在选择方向进行有效突破之前，没有人知道这是在构筑顶部形态或是底部形态，抑或是盘整形态。

因此，可以这样说，在一波较大的趋势行情（包括上升趋势行情和下跌趋势行情）之后，价格通常都会有一个盘整期，在盘整期的价格走势通常会形成一定的价格形态，比如三角形、菱形、旗型、楔形、矩形等。构筑什么类型的价格形态不重要，关键是要看突破价格形态的方向，以及突破能否得到成交量的配合，并以此来判断突破的有效性，从而选择合适的买卖时机。

简而言之，趋势行情之后是盘整行情，盘整行情之后又是趋势行情，关键点是盘整行情突破的有效性，不用过多理会价格走势形成的形态属于何种类型。

此外，颈线其实就是一条斜率较缓的趋势轨道（有时为一条横线），趋势理论的有关内容可以套用到颈线突破上来，比如突破趋势轨道之后的回抽确认等理论，对颈线的突破都是同样有效的。

形态高度的有效性

需要指出的是，在价格形态技术分析理论提出了关于价格形态突破后，接下来的行情目标位预测方法，该预测方法指出：顶部最高点或底部最低点至颈线突破点的垂直距离，称为“形态高度”，接下来的行情至少将向突破方向运行相当于形态高度的幅度，这是可以预测的价格目标位的最小幅度。但笔者在实际运用中发现，在牛市中，该预测方法测得的行情最低目标位通常都会偏小，而在震荡市或者熊市反弹中，这个最低目标位又经常达不到。

笔者还发现，价格形态理论确立的某些运用规则有时也会被主力资金用于反向操作，尤其是在盘子较小的股票上，假突破、假破位的情形时有发生。这可能是与这种理论已被广泛传播、运用的人太多有关。

应如何看待技术分析

技术分析就是这样，某一种技术方法运用的人多了之后，大家对于在某些技术节点上的判断趋于一致，这时某些先知先觉的人就会在某些技术节点形成之前提前进行买卖操作，使得价格形态等技术走势发生相应的变异。这好比抗生素与病毒的关系，某种抗生素刚研发出来的时候对于其要对付的病毒是非常有效的，但用久了就渐渐趋于失效，因为病毒会通过变异来适应环境，以求得生存繁衍。技术分析同样应该与时俱进，期望墨守几十年、上百年前的陈旧理论来对付分分秒秒都在变化的行情走势，是不符合事物变化发展之理的，因此某些技术理论慢慢趋于失效并最终被淘汰也是很正常的。当然，有一些东西几乎不会改变，比如人性。如果要将人性映射到股市的技术分析理论中来，那么笔者认为会是趋势和量价关系理论，相信这两种技术分析理论很难会出现失效或被淘汰的情形。

第二节　案例分析：从创业板指数看价格形态的运用及效果

创业板指数自 2010 年 6 月 1 日开始发布。下面让我们来对创业板指数发布以来的较为明显的价格形态逐一进行实例分析，以便可以从中直观地感受到价格形态技术分析理论的实际运用及效果。

从图 6 - 1 我们可以看出，行情放量突破颈线后，形成较为标准的双底形态，突破当日形成买点。之后行情震荡上行，但未能触及最低目标价位，即未能达到理论预测的最小涨幅。

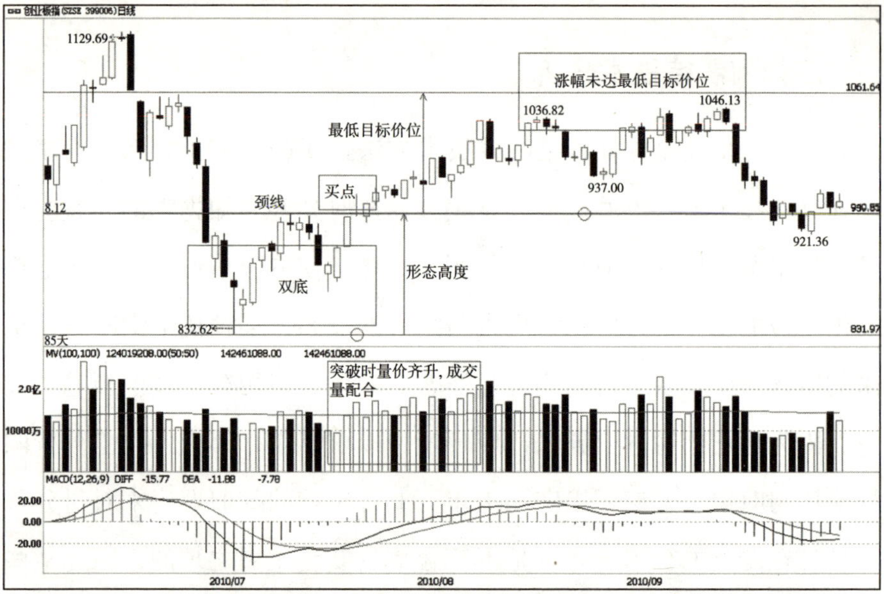

图 6-1 创业板指数日 K 线图（2010 年 6 月 1 日—2010 年 10 月 12 日）

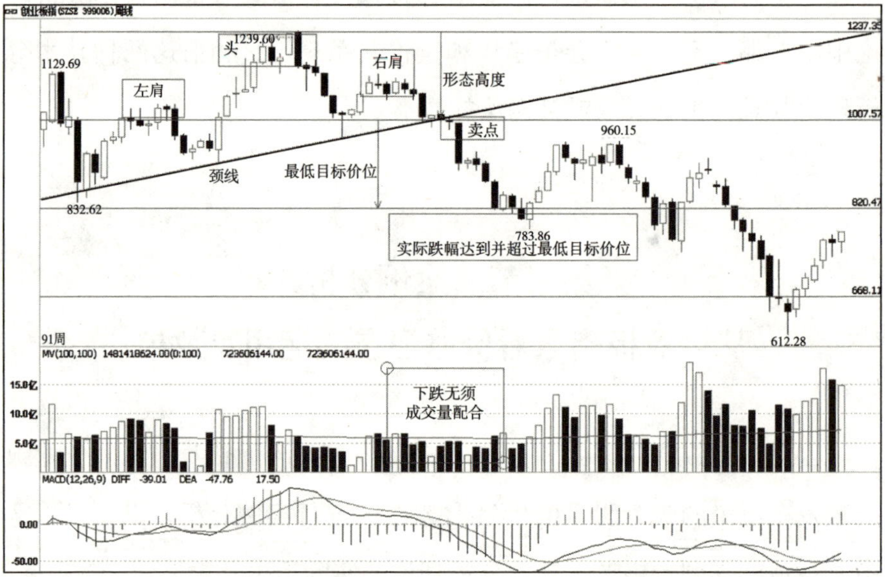

图 6-2 创业板指数周 K 线图（2010 年 6 月 4 日—2012 年 3 月 9 日）

从图 6-2 我们可以看出，行情跌破颈线后，形成较为标准的头肩顶形态，突破当周形成卖点，之后行情一路下跌，跌幅达到并超过最低目标价位。还须注意，下跌不需要放量，只要实际价格下跌就会形成恐慌，从而推动价格进一步下跌。

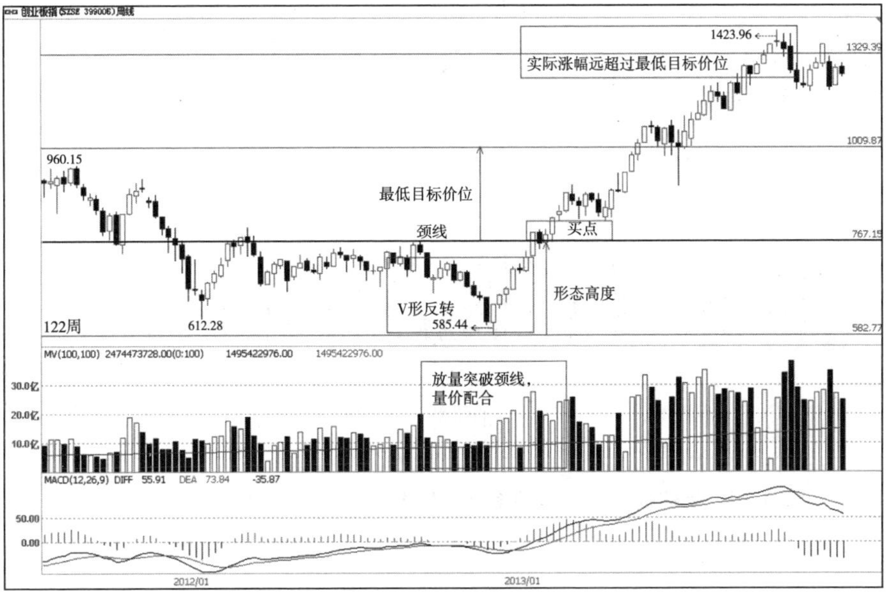

图 6－3　创业板指数周 K 线图（2011 年 7 月 29 日—2013 年 12 月 20 日）

从图 6－3 我们可以看出，行情放量突破颈线后，形成标准的 V 形反转底形态，突破当周及接下来的回抽颈线位时形成买点，之后行情震荡上行，实际涨幅远超过最低目标价位。须注意，上涨一定要成交放量的配合。

从图 6－4 我们可以看出，行情放量突破颈线后，形成较为标准的双底形态，突破当日及接下来的回抽颈线位时形成买点，之后行情震荡上行，实际涨幅达到并超过最低目标价位。

从图 6－5 我们可以看出，行情放量突破颈线后，完成长期的矩形整理形态，突破当周形成买点，之后行情一路上行，实际涨幅远超过最低目标价位。

从图 6－6 我们可以看出，行情跌破颈线后，完成三角形整理形

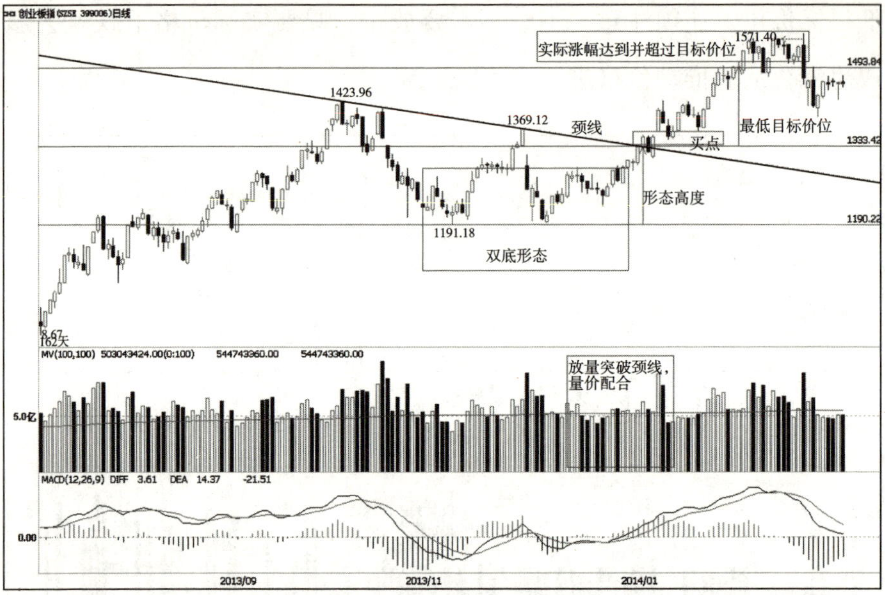

图 6－4　创业板指数日 K 线图（2013 年 7 月 8 日—2014 年 3 月 7 日）

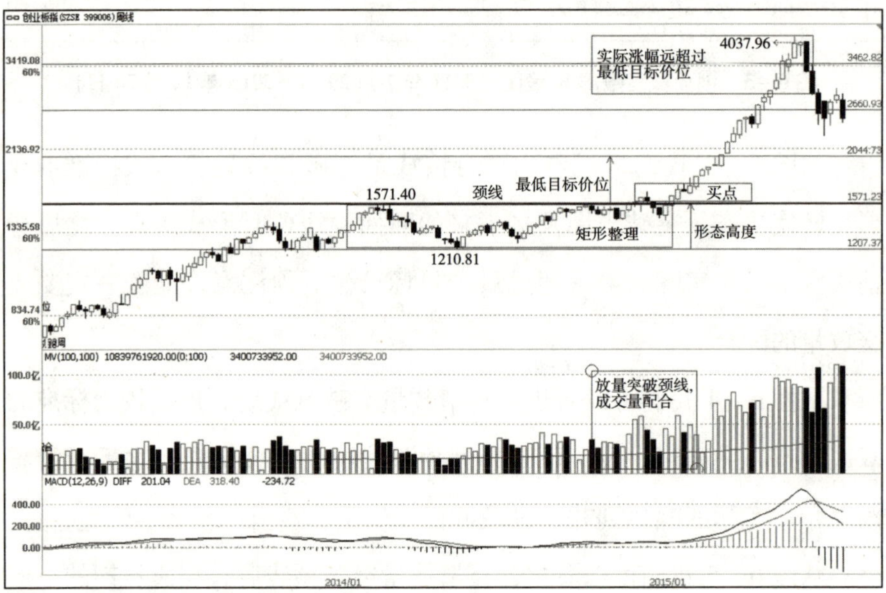

图 6－5　创业板指数周 K 线图（2013 年 1 月 18 日—2015 年 7 月 31 日）

态，向下突破当日形成卖点，之后行情一路下跌，跌幅达到并超过最低目标价位。记住，下跌不需要放量。

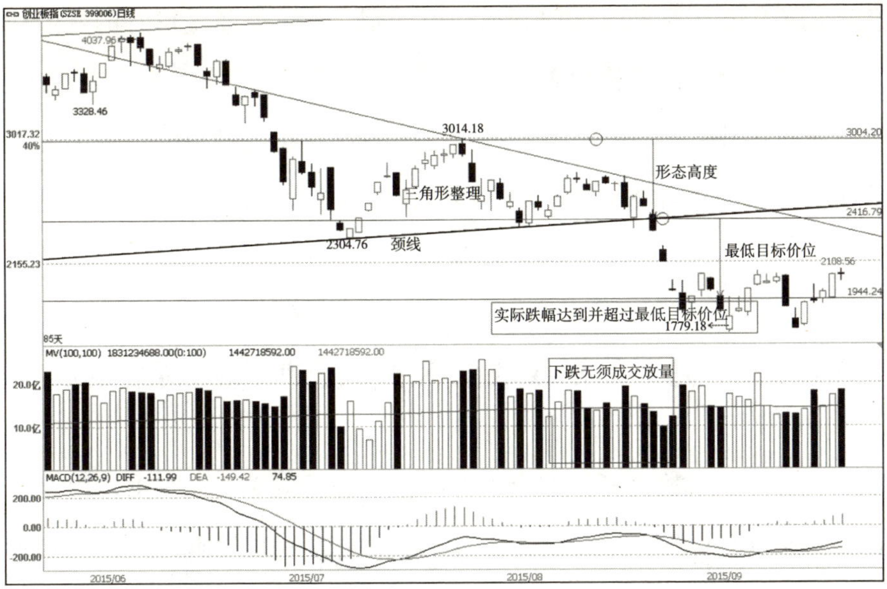

图 6-6 创业板指数日 K 线图（2015 年 5 月 22 日——2015 年 9 月 22 日）

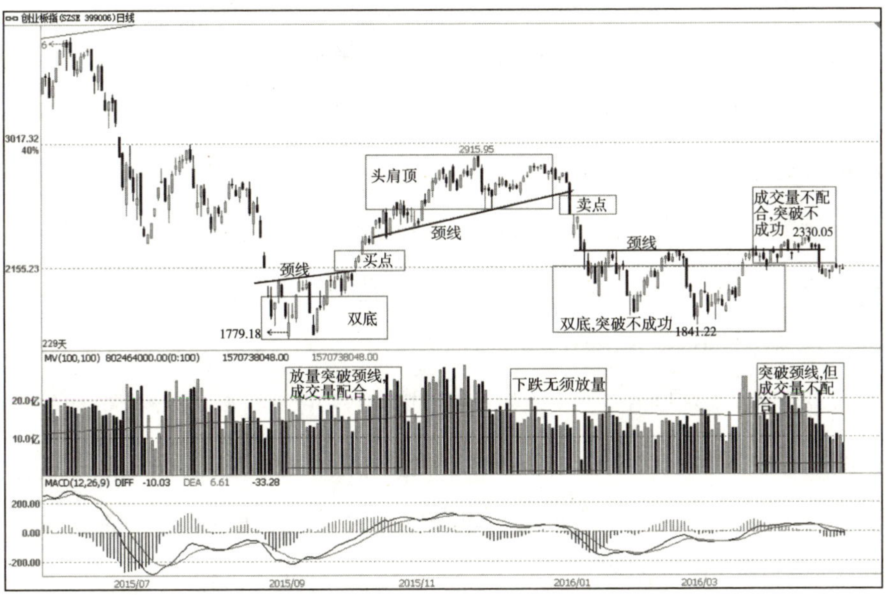

图 6-7 创业板指数日 K 线图（2015 年 5 月 26 日——2016 年 4 月 29 日）

从图 6-7 我们可以看出，其中包含了 3 个价格形态，左边的双底和中间的头肩顶是成功的价格形态，右边的双底是失败的价格形态，失败的原因在于突破时未得到成交量的配合，可能经过形态的变形从而形成更为复杂的价格形态。

通过上述创业板指数发布以来直至本章写作之日止的价格形态实例分析，希望读者能够掌握价格形态技术分析理论的要义和实际运用。

第三节 关于单根或数根 K 线组合形态的特别说明

关于单根或数根 K 线组合形态的技术分析意义，很多书籍用专门的篇章来进行详细介绍。笔者认为，单根或数根 K 线组合形态虽然有技术分析意义，但是没有必要专门进行详细介绍。理由是：单根或数根 K 线组合形态在更小周期 K 线图中，几乎都会以价格形态的形式得以展现，并且，用更小周期 K 线图中的价格形态来判断超短线价格走势，通常比使用单根或数根 K 线组合形态进行判断更加直观、具有更高的准确性。

例如，单根或数根日 K 线组合形态通常都可以放到 5 分钟或 15 分钟 K 线图中来观察，看其是否构成了何种价格形态，突破是否成功等。具体见图 6 – 8 和图 6 – 9 的比较。

从图 6 – 8 和图 6 – 9 的比较中我们可以看出，图 6 – 8 是深证成指日 K 线图，在 2016 年 1 月 28 日和 29 日两天，日 K 线形成“阴包阳”的走势，这种 K 线组合在行情止跌回稳时较为多见。图 6 – 9 是深证成指 15 分钟 K 线图，同样在 2016 年 1 月 28 日和 29 日两天，15 分钟 K 线图形成了底部三角形突破。就技术分析而言，图 6 – 9 显然比图 6 – 8 更加直观，并且价格形态理论的技术分析要点都可以在图 6 – 9 中进行运用，应该说，根据图 6 – 9 来操作可能会比根据图 6 – 8 更踏实一些。

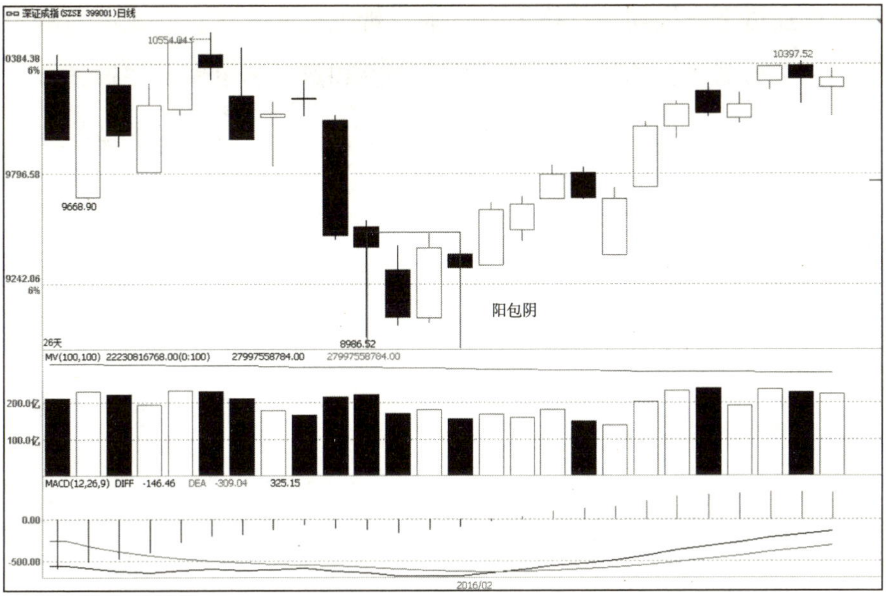

图 6－8　深证成指日 K 线图（2016 年 1 月 13 日—2016 年 2 月 24 日）

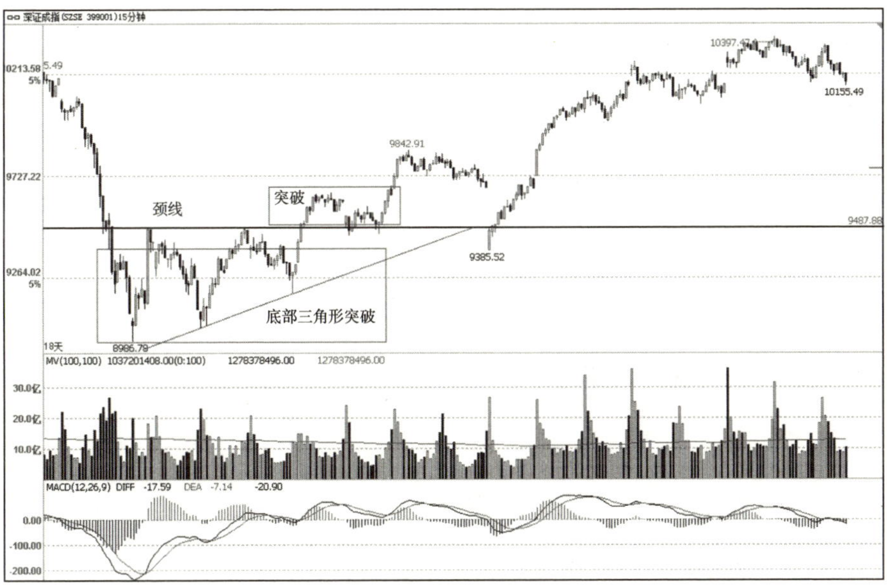

图 6－9　深证成指 15 分钟 K 线图（2016 年 1 月 25 日—2016 年 2 月 24 日）

几乎所有单根或数根 K 线组合形态都可以在更小周期的 K 线图中找到相对应的价格形态，单根或数根 K 线组合形态的技术分析意义完全可以通过更小周期的价格形态技术分析理论来实现，因此本书对于单根或数根 K 线组合形态的技术分析方法和意义不再展开进行详细讲解，在此仅举一例进行说明，有兴趣的读者可以自行找来更多的案例进行分析、研究。

第七章　移动平均线及其运用

移动平均线（Moving Average，MA），简称“均线”，是由著名的美国投资专家葛兰碧于20世纪中期提出来的，是将一段时期内的股票价格（通常为收盘价）平均值连成曲线，用来显示股价的历史波动情况，进而反映股价未来发展趋势的技术分析方法。在股票行情分析软件中，移动平均线通常作为一项趋势指标来使用，即MA指标。通常的计算方法是：将某一段时间的收盘价之和除以该周期，比如当天日线MA5的值是通过最近5天的收盘价之和除以5得出的5日均价，即5日均线所处的价格点位。

均线是当今应用最普遍的技术指标之一，互联网上介绍其使用方法的内容也很多，笔者在此择其精要，重点介绍一下最为著名的葛兰碧移动均线八大法则，以及笔者实际运用时的一些心得体会，其他一般性介绍的内容或者实际运用过程中感觉不那么好用的内容在此不再赘述。

第一节　移动均线的葛兰碧法则

葛兰碧提出的移动均线八大法则一直被视为技术分析中的瑰宝，也正是因为有了葛兰碧移动均线八大法则，使得均线成为当今应用最普遍的技术分析指标之一。

葛兰碧八大法则

葛兰碧八大法则中，有四条是用来研判买进时机，四条是研判卖出时机，八大法则具体如下。

（1）移动平均线从下降逐渐走平且略向上方抬头，而股价从移动平均线下方向上方突破，为买进信号。

（2）股价位于移动平均线之上运行，回档时跌破移动平均线，但长期移动平均线继续呈上升趋势，此时为买进时机。

（3）股价位于移动平均线之上运行，回档时未跌破移动平均线，后又再度上升时为买进时机。

（4）股价位于移动平均线以下运行，突然暴跌，距离移动平均线太远，极有可能向移动平均线靠近（物极必反，下跌反弹），此时为买进时机。

（5）移动平均线从上升逐渐走平，而股价从移动平均线上方向下跌破移动平均线时，说明卖压渐重，应卖出所持股票。

（6）股价反弹后在移动平均线上方徘徊，而移动平均线却继续下跌，宜卖出所持股票。

（7）股价位于移动平均线下方运行，反弹时未突破移动平均线，且移动平均线跌势减缓，趋于水平后又出现下跌趋势，此时为卖出时机。

（8）股价位于移动平均线之上运行，连续数日大涨，离移动平均线越来越远，说明近期内购买股票者获利丰厚，随时都会产生获利回吐的卖压，应暂时卖出持股。

文字表示可能比较抽象，图7－1是葛兰碧移动均线八大法则的示意图，帮助读者更易于理解。

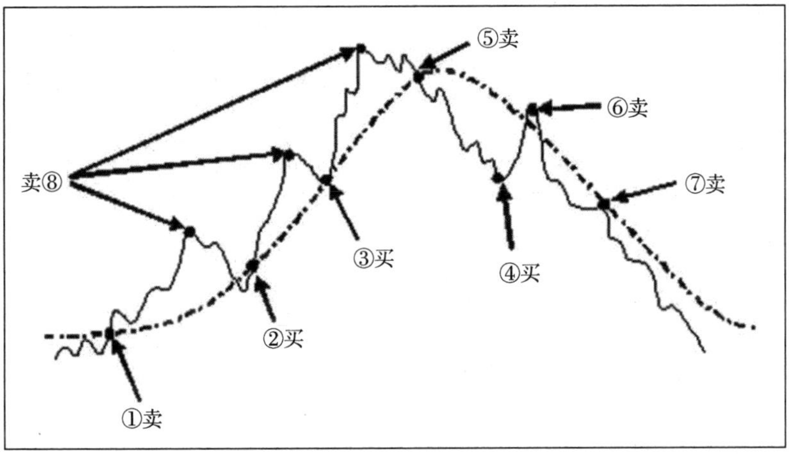

图7－1　葛兰碧移动均线八大法则示意图

实践操作

该法则的缺陷是：葛兰碧没有明确指出究竟该以哪条均线为参照标准进行买卖操作。笔者认为，葛兰碧作为技术分析的宗师级人物，这不大可能是葛兰碧的疏忽。有人怀疑可能是大师故意有所保留，笔者认为这种可能性也几乎可以排除。笔者在实际运用中发现，事实上没有办法明确指出该以哪条均线为参照进行买卖操作，因为不同股票会沿着不同周期的均线走出不同斜率的趋势性行情！如果要根据均线法则来进行买卖操作，你应该先观察目标股票的股价走势特点，努力找出目标股票是在依托哪一条均线走出趋势性行情。

在实际运用过程中，笔者还发现20日均线、60日均线、240日均线是相对最有参照意义的均线，但不绝对，也并非普遍适用，但还是总结一下大致的规律，以供读者参考。大致规律如下。

（1）如果股价原来是以60日均线为依托走出一定斜率的趋势性行情，那么在加速上涨或加速下跌阶段，通常会依托20日均线走出斜率更陡峭的趋势性行情。

（2）如果股价原来是以20日均线为依托走出一定斜率的趋势性行情，那么在涨势趋缓或跌势趋缓阶段，通常会依托60日均线走出斜率更平缓的趋势性行情。

（3）上升趋势的回调过程中，股价跌破20日均线后经常在60日均线附近得到支撑并重回升势；下跌趋势的反弹过程中，股价突破20日均线后经常在60日均线附近遇到阻力并重回跌势。

（4）240日均线通常作为牛熊分水岭来看待，支撑阻力作用明显。

20日均线、60日均线、240日均线之所以相对具有参照意义，可能也与时间周期有一定的关系：平均每月约20个交易日，每个季度约60个交易日，每年约240个交易日。这个并非普遍适用，再次强调！

仅根据均线的技术研判进行股票买卖操作是不够的，建议结合量价关系和趋势理论进行综合研判后再做技术上的投资决策，尤其应重视均线与量价关系的结合使用。

第二节 移动均线的支撑阻力意义

在实际运用过程中，笔者认为移动均线一个很重要的技术研判意义是其支撑和阻力作用。移动均线的周期参数设置不同，在股票软件中看到的均线系统就不同。因此，研判移动均线的技术分析意义，首先要解决移动均线的周期参数设置问题。

周期参数设置

就移动均线的周期参数设置，目前比较通行的做法有两种，一种是按照周、月、季、年的交易日天数设置的均线系统。比如一周有 5 个交易日，因此设置一条 5 日均线；两周有 10 个交易日，再设置一条 10 日均线；一个月约有 20 个交易日，再设置一条 20 日均线；一个季度约有 60 个交易日，再设置一条 60 日均线；2 个季度约有 120 个交易日，再设置一条 120 日均线；一年约有 240 个交易日，再设置一条 240 日均线。这种周期参数设置构成的均线系统大致为：5、10、20、60、120、240 共 6 条均线。当然你还可以增加你认为合理的均线，比如半季度线，即 30 日线。

还有一种是按照斐波那契数列设置的均线系统，如 5、13、21、34、55、89、144、233 等周期构成的均线系统。斐波那契数列符合自然法则，这种周期参数的设置也具有相当的合理性。

要说哪种周期的参数设置更合理，真的很难下结论。只能说你最好两种周期的参数设置都体验一下，你认为哪一种更合理就选择哪一种。还有一种办法是，针对不同的个股或大盘指数，上述两种参数的均线系统都试一下，看某只个股或大盘指数的实际走势更契合哪种参数的均线系统，然后保留更契合实际走势的那个均线系统。

支撑阻力的意义

对于移动均线的支撑阻力意义，根据在实际运用过程中的体会，笔者认为大致遵循如下原则。

（1）凡是在股价之上的均线通常都有一定的阻力作用，凡是在股价之下的均线通常都有一定的支撑作用。

（2）各周期均线的支撑阻力作用大小有所差别。两种均线系统中，支撑阻力作用较明显的分别是 20、60、240 日均线，或 21、55、233 日均线。

（3）短期走势主要看 20 日或 21 日均线的支撑阻力作用，中期走势主要看 55 日或 60 日均线的支撑阻力作用，长期走势主要看 240 日或 233 日均线的支撑阻力作用。

上述是笔者总结的大致规律，不同个股或大盘指数会有差异，有时差异还比较大。

由于移动均线本就属于趋势指标的一种，因此，我们也可以将移动均线视为动态变化的趋势线。重要均线的突破或跌破通常预示着趋势逆转，与趋势线的突破或跌破效果相当。由于均线由股票软件自动生成，无须人工来画，因此比人工画出的趋势线更具有客观性，在某些方面可以弥补趋势线的不足。因此，移动均线可以与趋势轨道线结合使用，以发挥两者各自的优势。

案例分析：上海 B 股指数

从图 7－2 我们可以看出，股价时而依托 20 日均线震荡上行，时

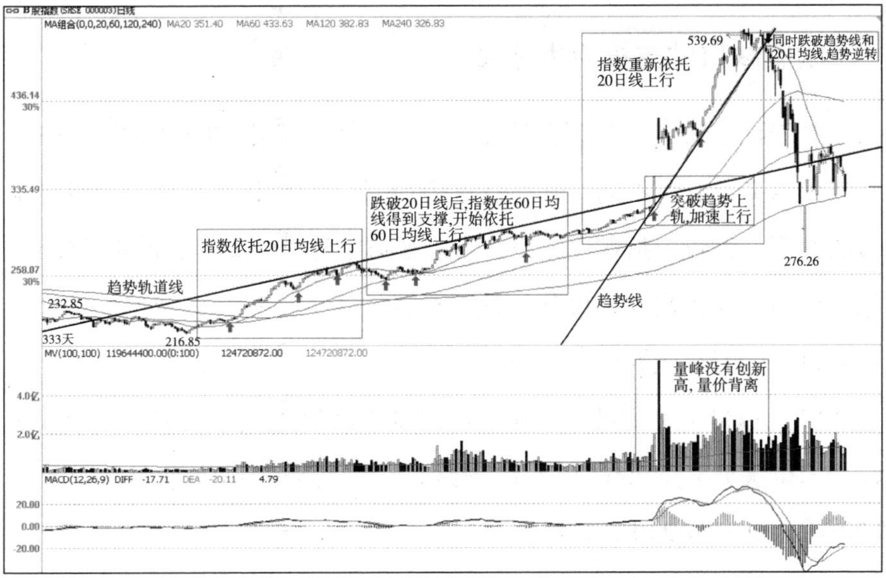

图7－2　上海B股指数日K线图（2014年3月27日—2015年8月3日）

而依托60日均线震荡上行，上升趋势的斜率在不断变化，这时移动均线的支撑阻力作用得以较好体现；同时，指数在突破上升趋势上轨后加速上行，趋势轨道线的技术分析意义也得以较好体现。在行情高位，指数同时跌破上升趋势线和重要的20日均线，两者共同确认趋势逆转，之后指数大跌。

支撑阻力位分析其实是技术分析的重要内容，除了移动均线的支撑阻力作用，我们在第四章还讲到过趋势轨道线的支撑压力作用，第五章讲到过颈线位的支撑阻力作用。此外，比较重要的支撑阻力位还有前期高点、低点，跳空缺口等。

移动均线、趋势轨道线和颈线位的支撑阻力已经简单介绍，此处再穿插着介绍一下跳空缺口的支撑阻力意义。由于前期高点、低点的支撑阻力作用太过简单明了，此处不再展开讲。

跳空缺口的支撑阻力意义

关于跳空缺口，要区分跳空缺口的性质，不同性质的跳空缺口，其技术意义也有所不同。其他技术分析书籍或互联网上介绍的跳空缺口的类型，大致包括普通缺口、突破缺口、持续性缺口、消耗性缺口。笔者认为，其实跳空缺口分两种类型就够了，一种突破缺口，一种普通缺口。运用时把握如下原则。

（1）放量上涨突破关键技术位的跳空缺口大概率为突破缺口，关键技术位大致包括价格形态的颈线位、趋势轨道线、重要移动均线（20日、60日或240日均线）等。

（2）向下跌破关键技术位的跳空缺口大概率为突破缺口，无须放量。

（3）跳空缺口通常短期内不会被完全回补，在缺口处有较大的支撑阻力作用。股价回调至向上跳空缺口处通常是买点，股价反弹至向下跳空缺口处通常是卖点。

（4）在非关键技术位形成的跳空缺口大概率为普通缺口，普通缺口很快会被回补。

（5）“天道恶虚，有缺必补”，跳空缺口虽然短期内通常不会被回补，但从长一点的周期来看大概率还是会被回补。

由于支撑阻力的技术分析意义与其他经典技术分析理论（如趋势理论、量价关系、价格形态）相比，通常处在一种辅助研判的地位，因此不再举实例展开分析。

第八章　MACD 指标及其运用

关于技术指标，不同的人看法会有很大差异，有些人很排斥，有些人又过于痴迷。笔者认为，技术指标在技术分析中还是具有重要参考价值的，但也不能过于痴迷，因为趋势理论与量价关系才是技术分析的核心。

同时，我们又不得不承认，技术指标种类有很多，也很杂，比如 MACD、KDJ、RSI、BOLL 等，至少有几十种。笔者认为，指标虽多，但大体都是相通的，其来源不外乎 K 线、均线、成交量等几大要素，万变不离其宗。因此，耗费过多的精力去研究各种技术指标是没有必要的，但是精通一个到两个技术指标的使用方法、领悟其精髓还是有必要的。即技术指标的运用不在多，贵在精。

打开每个股票软件，MACD 通常都是软件自带的第一个副图，因此可以说，MACD 指标是人们最熟悉的、使用最广泛的技术指标。同时，在实际运用过程中，笔者认为 MACD 指标也是最好用的指标，当然这也许有个人偏好的成分在里面。因此，本书仅介绍 MACD 一个技术指标。当然，如果读者认为其他指标更好用，完全可以继续使用自己认为好用的技术指标，没必要受本书的影响而改用 MACD 指标。

第一节 MACD 指标简介

MACD 指标中文称为“指数平滑异同平均线”，是查拉尔·阿佩尔（Geral Appel）于 1979 年提出的，它由一快一慢两条移动均线、代表多空能量的小柱子、0 轴（多空分界线）组成。

MACD 指标是根据移动平均线原理发展而来的，是运用快速（短期）和慢速（长期）移动平均线及其聚合与分离的征兆，并加以双重平滑运算得出，去除了移动平均线频繁发出假信号的缺陷，同时又保留了移动平均线的效果，因此具有均线趋势性、稳重性、安定性等特点，是用来研判股票或其他金融衍生品买卖时机、预测价格涨跌的重要技术分析指标。MACD 各项数值的计算过程相对复杂，我们没有必要去理会。通常我们运用时也是采用软件默认参数值（12，26，9）。

MACD 指标中，以下几点有必要予以一定程度的理解。

金叉、死叉

MACD 指标中，快速均线与慢速均线经常发生交叉，我们把快速均线自下而上穿越慢速均线发生的交叉称为“金叉”，把快速均线自上而下穿越慢速均线发生的交叉称为“死叉”。

“0 轴”

- **行情多空的坐标意义**

若以 MACD 指标来判断行情的多空格局，则通常以 MACD 指标的“0 轴”为多空分界线。当快速均线与慢速均线均处于 0 轴上方时，通常认为处于多头行情；当快速均线与慢速均线均处于0轴下方时，通常认为处于空头行情。

在震荡行情中，快速和慢速两条均线时而在0轴之上，时而在0轴之下，或者一条均线在0轴之上，一条均线在0轴之下，令人难以判断行情的多空格局，此时我们应该到更大的周期中去观察行情所处的多空格局。比如日线级别的MACD指标时而在0轴之上，时而在0轴之下，或者一条均线在0轴之上，一条均线在0轴之下，无法看清行情的多空格局，此时我们应该观察周K线，看其MACD指标的两条均线是处于0轴之上还是0轴之下，以此来判断行情的多空格局。

- **买卖时机的参考意义**

通常，0轴附近发生金叉或死叉是很重要的变盘点。大的行情的爆发，不管是上涨还是下跌，基本从0轴附近的金叉或死叉开始，不管是5分钟级别的行情也好，周线级别的行情也罢，基本都是如此。也就是说，在0轴附近发生的金叉或死叉容易爆发行情。金叉或死叉发生在0轴上方或下方无所谓，只要比较接近0轴即可。通常越贴近0轴发生金叉或死叉，所发动的行情也越大。如果还能得到成交量的配合，则准确性相当高。变盘经常发生在0轴附近发生金叉或死叉时，这一点应引起重视。

如果在0轴下方金叉，但离0轴位置比较远，这种金叉的上升力度通常较弱或基本没有，股价通常表现为小幅攀升或横盘震荡，然后继续下跌；同样，如果在0轴上方高位死叉，离0轴比较远，这种死叉的下跌力度通常也较小或基本没有，股价通常表现为小幅回调或横盘震荡，然后继续上涨。

能量柱

能量柱是指围绕0轴伸长或缩短的小柱子，股票软件中自带的颜色通常是0轴以上部分体现为红柱，代表做多力量；0轴以下部分体现为绿柱，代表做空力量。

一般而言，红柱越长，红柱所占的面积越大，说明市场中多头力量越强；相反，绿柱越长，绿柱所占的面积越大，说明市场中空头力量越强。如果红柱开始逐渐缩短，慢慢由红柱转为绿柱，同时伴随着价格的下跌，此时说明做多的力量在减弱，做空的力量在增强；如果绿柱开始逐渐缩短，慢慢由绿柱转为红柱，同时伴随着价格的上涨，此时说明做空的力量在减弱，做多的力量在增强。

如果最近在走的一波上升行情与前一波上升行情相比，红柱的面积明显减小，则说明这一波上升行情的动力比前一波上升行情要弱，股价可能将进入调整期。如果最近在走的一波上升行情与前一波上升行情相比，红柱的面积明显增加，则说明这一波上升行情的动力比前一波上升行情要强，股价可能还有上冲的动力。

如果最近在走的一波下跌行情与前一波下跌行情相比，绿柱的面积明显减小，则说明这一波下跌行情的动力比前一波下跌行情要温和，股价可能会有所反弹。如果最近在走的一波下跌行情与前一波下跌行情相比，绿柱的面积明显增加，则说明这一波下跌行情的动力比前一波下跌行情更为猛烈，股价可能还会继续下跌。

背离

MACD 指标的背离可分为顶背离和底背离。顶背离是指股价逐波上升创新高，但 MACD 指标却不跟随股价逐波创新高的现象；底背离是指股价逐波下跌创新低，但 MACD 指标却不跟随股价创新低的现象。无论是顶背离或者底背离，均有两种表现形式，一种是以 MACD 指标的两条均线与股价关系体现的背离，一种是以能量柱与股价关系体现的背离。通常情况下，两种表现形式的背离是同时出现的，但有时也会只出现一种表现形式的背离。笔者认为，两种不同形式的背离，只要出现一种形式的背离现象就构成 MACD 指标背离，无须两种形式的背离同时出现。

● **顶背离**

顶背离的两种表现形式，一种是以 MACD 指标的两条均线与股价关系体现的顶背离，该种形式的顶背离特点是股价逐波创新高，但 MACD 指标的两条均线形成的波峰却逐波降低，与股价走势不一致，形成顶背离。还有一种是以能量柱与股价关系体现的顶背离，该种形式的顶背离特点是股价逐波创新高，但 MACD 指标的红色能量柱没有创新高或红色能量柱的面积明显小于前一波行情形成的红柱面积，形成顶背离。

通常来说，MACD 指标顶背离是较为明确的卖出信号。但在强势的单边上涨行情中，顶背离会不断通过股价的横盘震荡或小幅回调进行整固修复，使顶背离的作用不明显。此时股价往往还有继续上冲的动力，可以选择 MACD 的两条均线在 0 轴附近形成金叉并能得到成交量配合的情形下择机介入，或者在更小级别的 MACD 指标背离中寻找买卖点，做一波小级别的行情。

● **底背离**

底背离的情形与顶背离正好反过来，也有两种表现形式，一种是以 MACD 指标的两条均线与股价关系体现的底背离，该种形式的底背离特点是股价或指数逐波创新低，但 MACD 指标的两条均线形成的波谷却逐波抬高，与股价或指数走势不一致，形成底背离。还有一种是以能量柱与股价关系体现的底背离，该种形式的底背离特点是股价或指数逐波创新低，但MACD指标的绿色能量柱没有创新低或绿色能量柱的面积明显小于前一波行情形成的绿柱面积，形成底背离。

通常来说，MACD指标底背离是较为明确的买入信号。但在弱势的单边下跌行情中，底背离会不断通过股价的横盘震荡或小幅反弹进行修整，使底背离的作用不明显，此时股价往往还会继续下跌，直到几次背离后在离0轴不远处产生金叉才迎来较大幅度的上升行情。

第二节　MACD指标的买卖点判断

MACD指标的买点主要有两个，一个是金叉，一个是底背离。MACD指标的卖点主要也是两个，一个是死叉，一个是顶背离。金叉或死叉与底背离或顶背离在判断买卖点上的方法是有所不同的，下面笔者对此进行逐一讲解。

金叉、死叉买卖点的判断技巧

不是所有的MACD指标金叉都构成买点，也不是所有的死叉都构成卖点，这一点通过上一节的介绍相信大家都应该能理解了。现在的问题是，哪些金叉能构成较为理想的买点，介入后获利的机会较大？哪些死叉构成重要的卖点，卖出后回避风险的效果明显？

笔者发现，能够构成较为理想的买卖点的金叉、死叉通常具有如下特征。

• 在0轴附近形成的金叉，并能得到成交量的配合，通常构成买点

至于是在0轴以上或0轴以下不重要，关键是要离0轴不太远。通常越接近0轴发生的金叉，在后面的行情也会越大。当然，有人可能会问，离多远算远？对于这个问题，应该说没有准确的标准可以用来衡量，只能通过观察和比较，做出一个大致的判断。关于成交量的配合问题，这在第五章中已经进行过详细讲解，这里不再重述。

同样，在0轴附近形成的死叉通常构成卖点，如果同时伴随着技术支撑位的跌破，则可靠性更强。

• 在0轴以上形成的第一个金叉通常都是较好的买点，但还是要得到成交量的配合，如股价再次启动时能放量上涨

当股价经过长期下跌后重新开始走强，MACD指标的两条均线开始在0轴以上运行，若经过调整后又在0轴以上形成金叉，这时通常是新一轮涨势的开始，而且较大概率是上升第三浪（主升浪）的开始，具有较高的介入价值，但还是要得到成交量的配合，成功的概率才高。

如果在0轴以上发生金叉时离0轴较远，并且股价短期内已经大幅上涨了一波，这时建议还是谨慎追高，最好等调整（横盘震荡或回调整理）过后，当MACD指标的两条均线重新回到0轴附近再次形成金叉，并能得到成交量配合的情形下再介入。

相反，在0轴以下形成的第一个死叉也是重要的卖点。当股价经过长期上涨后开始走弱，MACD指标的两条均线开始在0轴以下运行，若经过反弹后又在0轴以下形成死叉，这时通常是新一轮跌势的开始，而且较大概率是下跌第三浪（主跌浪）的开始，可能迎来较大幅度的下跌。

• 在0轴以下二次金叉且第二次金叉离0轴不远，通常是买点，但应得到成交量的配合

有时，在0轴以下会发生多次金叉，细心的读者可能会留意到，离0轴较远的金叉通常都难以产生较大幅度的反弹，直到两条均线逐渐向0轴靠拢，最后在0轴附近形成金叉，并得到成交量配合时才会产生较大幅度的反弹。一般而言，0轴以下形成金叉的次数越多，后面发动的行情也越大，一旦开始放量上涨，可及时跟进。

同样，在0轴以上二次死叉且第二次死叉离0轴不远，通常是卖点。

有时在0轴以上也会发生多次死叉，而离0轴较远的死叉通常都难以产生较大幅度的调整，直到两条均线逐渐向0轴靠拢，最后在0轴附近形成死叉，同时伴随着关键支撑技术位的跌破，从而导致较大幅度的下跌。一般而言，0轴以上形成死叉的次数越多，后面下跌的幅度也越大，一旦跌破关键技术支撑位，应及时清仓卖出。

总之，MACD指标金叉、死叉买卖点判断技巧的核心要点是：金叉、死叉须发生在0轴附近，金叉买点须能得到成交量的配合，死叉卖点则应跌破关键技术支撑位。

背离买卖点的判断技巧

关于MACD指标的背离，在上一节中已经简单介绍。由于MACD指标背离的运用是该指标的精华部分，非常重要，并且有些重要的细节问题如果没有人点破，其中的奥妙还真不太容易被发现，在实际运用中的效果也将会因此而大打折扣。投资者在运用背离时，如下几点须重点把握。

• 背离的周期级别划分

一般的股票软件，K线图的周期从1分钟开始，接着是5分钟、

15 分钟、30 分钟、60 分钟、日线、周线、月线、季线等，有的软件还能设定任意分钟的 K 线。通常情况下，背驰的周期级别越大，可靠性也越强。但是周线以上级别的背驰要很长时间才发生一次，交易的机会较少，对于短线投资者来说，可能耐不住漫长的等待。

通常使用最多的周期是日线级别和 60 分钟级别。同时，笔者认为，60 分钟级别周期是一个相当重要的级别周期，其背离是推动日线级别波段行情的重要力量。当然，60 分钟级别周期是国内股市运用较多的级别周期，因为国内每天交易的时间为 4 小时，如果套用月线级别与周线级别或周线级别与日线级别的周期倍数，一个月是 4 周多一点，一周是 5 个交易日，每天交易 4 个小时，即 4 个 60 分钟周期，60 分钟周期级别差不多相当于日线级别的更小一个周期级别，因此 60 分钟周期级别也被市场广泛使用。如果每天的交易时间改变，则作为日线级别更小一个周期级别的单位也应相应调整，如美国的股指期货每天的交易时间超过 20 小时，那么用 4 小时或 5 小时周期级别作为日线级别的更小一个周期级别就是合适的，以此类推。笔者认为，日线级别与其更小一个周期级别之间的周期倍数以 5 倍左右最合适，这不仅可以通过月线级别与周线级别或周线级别与日线级别的周期倍数进行简单推导，还因为 5 倍间隔周期与“五行理论”相契合，具体不深入展开了，读者有所了解即可。

如果完全用背离来选择买卖点，笔者认同缠中说禅理论中阐述的观点，即在大周期级别中形成底背离时买入，并在小一个级别周期的顶背离时卖出。如在日线级别底背离时买入，在 60 分钟顶背离时卖出；在 60 分钟级别底背离时买入，在 15 分钟顶背离时卖出，等等。需要说明的是，缠中说禅理论是将 30 分钟周期级别作为日线级别的更小一个周期级别，同时将 5 分钟周期级别作为 30 分钟级别的更小一个周期级别。笔者在实际运用过程中发现，将60分钟周期级别作为日线级别的更小一个周期级别，同时将15分钟周期级别作为60分钟级别的更小一个周期级别，相对更好用。

- **背离同样要考虑MACD指标的两条均线与0轴之间的距离**

读者可能会留意到，有时候MACD指标背离并没有产生多大的行情，这种情形时有发生。其中一个很重要的因素是MACD指标的两条均线与0轴之间的距离较远。

背离同样要考虑MACD指标的两条均线与0轴的距离，这是容易被忽视的细节问题。理由是：背离的最终形成要得到金叉与死叉的确认，而我们在介绍金叉与死叉时已经讲到，金叉、死叉须发生在0轴附近，并且能得到其他技术分析方法的印证时准确性才高。背离同样如此，只不过背离的可靠性比普通的金叉或死叉可靠性更高，发动的行情通常也更大。但是，若背离发生时，MACD两条均线与0轴相差较远，其将产生多大的行情则同样令人怀疑。

通过上文的介绍，相信大家对于金叉、死叉、背离与0轴远近的重要性应该有了认识。但话又说回来，如何来客观评价离0轴是远还是近呢？这的确较难做出客观评判，因为每只股票的股性不同，波动幅度差异较大，因此即便同样价格的股票，在同样的交易时间，由于股性不同，MACD指标均线离0轴的距离值也会有较大的差异。还有，即便是同一只股票，在不同时期股性也有差异，因为决定股性的是股票背后运作该股票的资金。不同的人运作方式不同，运作股票的资金变了，股票的股性也会随之变化。因此，用MACD指标均线与0轴之间的距离值来判断与0轴的远近是不合适的。现在通行的做法是观察股票的历史走势，通过当下行情的MACD指标均线与0轴的远近程度与历史数据进行比较，以判断与0轴是远还是近。这种方法有其合理性，但还须注意，最好与较近一段时期的行情进行比较。因为市场环境不同，MACD 均线与 0 轴的距离值也会不同。如果拿现在的行情所对应的 MACD 指标均线与 0 轴的远近与几年前行情的历史数据进行比较，意义就不是很大。因为市场环境可能已经发生较大变化，其参照比较意义也就相应较弱。

还有一种方法，可以在一定程度上回避上述因股性、市场环境等因素变化导致的 MACD 均线与 0 轴距离值相应变化的问题，那就是直接看股价与 MACD 指标均线的背离程度。如当前行情形成的顶部峰位明显高于前期顶部峰位，同时 MACD 指标均线形成的顶部峰位却明显低于前期顶部峰位，形成非常明显的顶背离；或者当前行情形成的底部谷位明显低于前期底部谷位，同时 MACD 指标均线形成的底部谷位却明显高于前期底部谷位，形成非常明显的底背离。这种非常明显的背离，即使 MACD 指标均线离 0 轴距离相对远一点，通常也会发动较大行情。一般背离程度越大，随后发动的行情也越大。

股价与 MACD 指标均线形成非常明显的背离情形，还有如下变形的情形，如：（1）当前行情形成的股价顶部虽然没有明显高于前期顶部，但 MACD 指标均线形成的顶部却异常明显地低于前期顶部，形成非常明显的顶背离；（2）当前行情形成的股价底部虽然没有明显低于前期底部，但 MACD 指标均线形成的底部却异常明显地高于前期底部，形成非常明显的底背离；（3）MACD 指标均线形成的顶部低于前期顶部虽不明显，但当前行情形成的股价顶部异常明显地高于前期顶部，形成非常明显的顶背离；（4）MACD 指标均线形成的底部高于前期底部虽不明显，但当前行情形成的股价底部异常明显地低于前期底部，形成非常明显的底背离等。对于这种背离程度很大的情形，在离 0 轴较远时通常也能产生较大行情的原因，我们可以这样来理解：背离好比是弹簧受到压缩，背离程度好比弹簧的压缩程度，背离程度越大好比弹簧压缩得越厉害，因此即使离 0 轴远一点也能产生较大的行情。

上述直接看股价与 MACD 指标均线背离程度的方法一定程度上淡化了离 0 轴远近的问题，但若背离程度很大，同时 MACD 均线离 0 轴又较近时，行情通常也会更大。因此，最好能将背离程度与离 0 轴远近两者结合起来看。

- **背离时 MACD 能量柱的运用**

在本章第一节中提到 MACD 指标背离有两种表现形式，一种是以 MACD 指标的两条均线与股价关系体现的背离，一种是以能量柱与股价关系体现的背离。通常情况下，两种表现形式的背离是同时出现的，但有时也会只出现一种表现形式的背离。两种不同形式的背离，只要出现一种形式的背离现象就构成 MACD 指标背离，无须两种形式的背离同时出现。

实际运用中，多数人是以 MACD 指标的两条均线与股价关系体现的背离来进行研判，研判的要点大体已经在上述“背离同样要考虑 MACD 指标的两条均线与 0 轴之间的距离”中进行了阐述。

以能量柱与股价关系体现的背离虽然运用的人数相对较少，但在某些方面还是具有研判意义，可以弥补以 MACD 指标的两条均线与股价关系体现的背离之不足。比如，在 MACD 均线离 0 轴较远时产生的背离，在该背离行情中能量柱子根数的多少对于判断是否能发动较大规模的行情具有重要参考意义。

笔者发现，在上升行情中，当 MACD 指标发生顶背离时，若此时 MACD 均线与 0 轴位置较远，如果该背离行情在红柱子的数量较少时就发生死叉，则通常回调的幅度也不大，短暂回调后又会发生金叉，股价随之又创出新高；如果该背离行情在红柱子的数量较多时才发生死叉，则通常回调的幅度也较大。同样，在下跌行情中，当 MACD 指标发生底背离时，若此时 MACD 均线与 0 轴位置较远，如果该背离行情在绿柱子的数量较少时就发生金叉，则通常反弹的幅度也不大，短暂反弹后又会发生死叉，股价随之又创出新低；如果该背离行情在绿柱子的数量较多时发生死叉，则通常反弹的幅度也较大。至于多少根柱子以上算多？多少根柱子以下算少？没有统一的标准。根据经验而言，在背离行情中，如果能量柱的根数多于 8 根，并且伴随着能量柱开始缩短或 MACD 指标短期均线开始走平，则应引起高度重视，即使此时 MACD 指标均线离 0 轴较远也应保持警惕，以防突然变盘。与此相对应的是，此时的顶背离往往在更小周期级别的 K 线图中体现为上升楔形走势，而此时的底背离往往在更小周期级别的 K 线图中体现为下降楔形走势。若此时发生上升楔形的破位应及时卖出，若发生下降楔形的突破则应考虑及时买入。

通常，在顶背离行情中，红柱子的根数越多、柱子越短，一旦行情开始下跌，其下跌幅度也越大；在底背离行情中，绿柱子的根数越多、柱子越短，一旦行情转为上升，其上涨幅度也越大。

须特别注意的是，有些时候背离不止发生一次，会接连发生两次或两次以上的连续背离，此时计算背离行情中的红绿柱子根数应当累计相加计算。举例来说，如在顶背离时接连发生了两次连续背离，第一次背离时形成 5 根红柱子，第二次背离时形成 6 根红柱子，则计算该顶背离行情的红柱子总根数时，应将两次连续背离形成的红柱子根数相加，作为该顶背离行情总的红柱子根数，即 5 + 6 = 11。该顶背离行情的红柱子根数确定为 11 根，此时若发生死叉，即使 MACD 均线离 0 轴较远，也可能导致较大幅度的下跌，应注意及时回避风险。再比如，若在底背离时接连发生了三次连续背离，第一次背离时形成2根绿柱子，第二次背离时形成3根绿柱子，第三次背离时形成6根绿柱子，则计算该底背离行情的绿柱子总根数时，应将三次连续背离形成的绿柱子根数相加，作为该底背离行情总的绿柱子根数，即2+3+6=11。该底背离行情的绿柱子根数确定为11根，此时若发生金叉，即使MACD均线离0轴较远，也可能引发较大幅度的反弹，应留意相应的投资机会；同时，由于该底背离行情的前两次连续背离的总绿柱子根数为2+3=5根，未达到经验判断值8根以上，因此此时若MACD均线离0轴较远，则不应考虑买入，当然若此时离0轴已经比较接近的话则应考虑择机介入。

• 背离的最佳介入与退出时机问题

关于产生背离后的最佳介入与退出时机问题，目前市场上有3种观点，如下所述。

（1）金叉、死叉论：在MACD指标产生底背离时，金叉买入；产生顶背离时，死叉卖出。这是市场上最普遍的观点。

（2）能量柱缩短论：在MACD指标产生底背离时，绿色能量柱开始缩短时买入；产生顶背离时，红色能量柱开始缩短时卖出。这种观点以缠中说禅理论为代表。

（3）MACD指标的快速移动均线拐头论：在MACD指标产生底背离时，MACD指标的快速移动均线开始拐头向上时买入；产生顶背离时，快速移动均线开始拐头向下时卖出。这种观点有人曾发表在百度经验中，读者可自行搜索。

结合实战经验，笔者认为金叉、死叉论的可靠性较高，但介入或退出时机稍晚，要设置止损位的话，止损位也偏大。能量柱缩短论虽然可能介入或退出在最佳价位附近，但失误率明显偏高。MACD指标的快速移动均线拐头论，既有较高的可靠性，且介入或退出时机通常也比金叉、死叉论要更及时。

笔者基本认同 MACD 指标的快速移动均线拐头论，但同时认为，并不急于在快速移动均线拐头当天就立即买入或卖出，而是可以在快速移动均线拐头后择机分批买入或卖出。由于此时快速均线刚开始拐头，还未与慢速均线形成金叉或死叉，市场对于能否形成金叉或死叉并最终确认背离成立还心存犹疑，此时通常还有逢低建仓或逢高卖出的机会。

须注意的是，根据 MACD 指标背离来进行买卖操作，同样须结合其他技术分析方法来进行综合研判，如趋势理论、量价关系、价格形态等。通常，在股价处于上升趋势时，根据 MACD 指标顶背离卖出股票后，应考虑在上升趋势线或其他重要支撑位考虑买回，除非已经有证据表明上升趋势已经或即将发生变化；在股价处于下降趋势时，根据 MACD 底背离买入股票后，应考虑在下降趋势线或其他关键技术压力位考虑卖出，除非已经有证据表明下降趋势已经或即将发生变化。

案例分析

以上是 MACD 指标判断买卖点的技巧。大体而言，根据 MACD 指标选择买卖点，若行情存在背离情形，则根据背离来判断买卖点；若行情不存在背离情形，则根据金叉、死叉来判断买卖点。但无论是根据背离还是金叉、死叉进行买卖操作，均须结合其他技术分析方法进行综合研判。下面我们来看图 8－1，用实例来说明上述所讲的运用要点的综合运用效果。

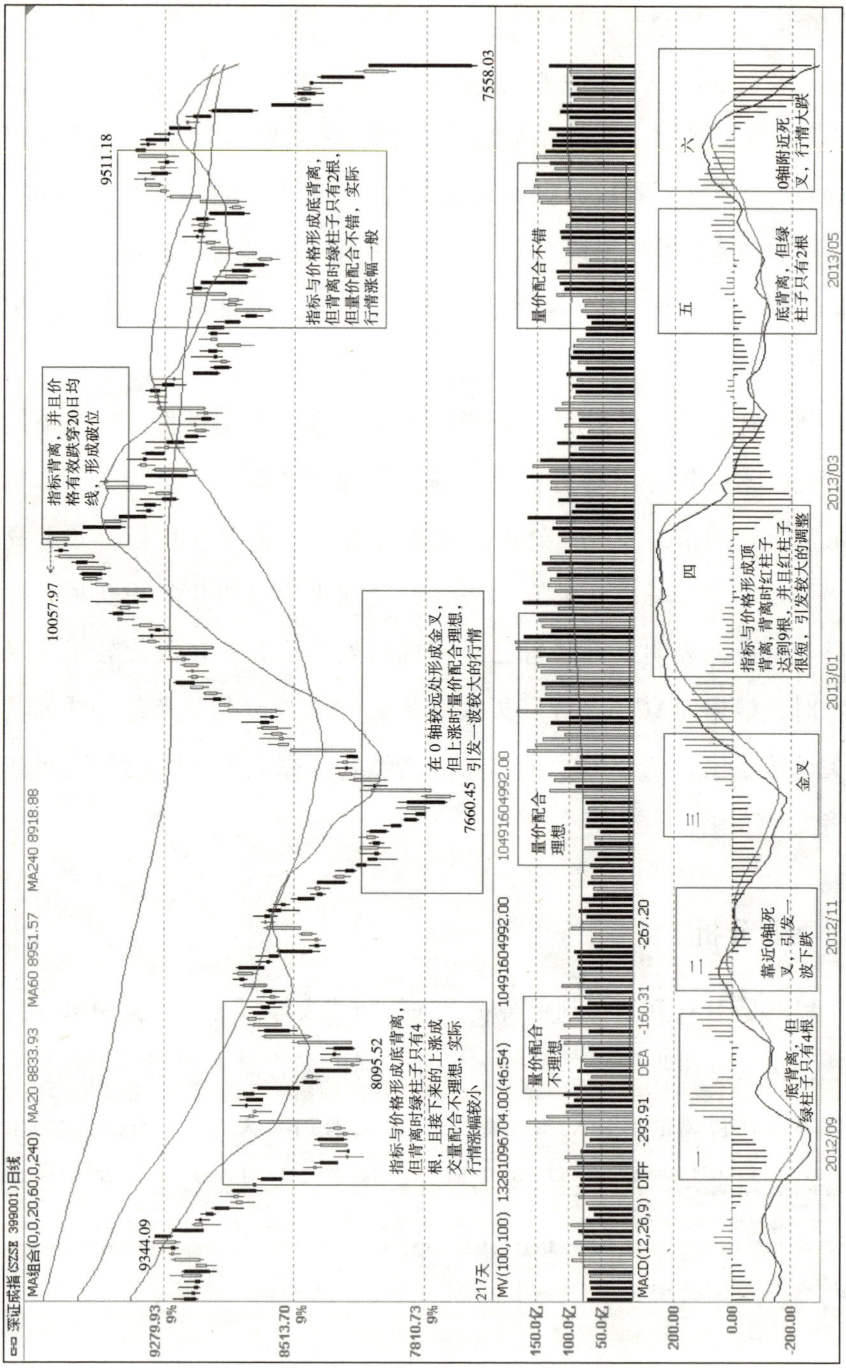

图8-1 深证成指日K线图（2013年7月26日—2013年6月24日）

从图 8－1 我们可以看出，股价经过长期下跌后，形成 MACD 指标与价格的底背离（对应图 8－1 左下角标注汉字“一”的方框，以下简写为“一”。其余情况类同），但底背离时 MACD 绿色柱子只有 4 根，没有达到 8 根以上。根据经验，该底背离引发反弹的力度可能不会很大，并且接下来的反弹成交量配合不理想，反弹到了前一波段高点附近时结束。之后，MACD 指标在贴近 0 轴的位置形成死叉（二），引发一轮较大幅度的下跌。接下来，MACD 指标在离 0 轴较远的位置形成金叉（三），通常而言，该金叉引发的反弹不会很大，但实际行情得到了成交量的理想配合，形成量价齐升的良好格局，走出了一波大幅反弹行情。之后，MACD 指标与价格在高位形成顶背离（四），虽然该顶背离与 0 轴距离较远，但顶背离时红色柱子达到 9 根，同时红色柱子都很短，同样具备引发较大幅度调整的技术特征。实际行情在 MACD 二次死叉后，有效跌破 20 日均线支撑形成破位，结果走出了一波调整时间较长、调整幅度较大的调整行情。接着，MACD 指标又形成底背离（五），但底背离时绿柱子只有 2 根。根据经验，该底背离引发反弹的力度可能不会很大，但接下来的反弹成交量配合不错，实际的反弹延续了一段时间。之后，MACD 指标又在 0 轴附近形成死叉（六），引发一轮大跌。

从图 8－1 我们还可以直观地感受到，量价关系所发出的买卖信号比 MACD 指标发出的买卖信号更为重要。这在上述行情（三）和行情（五）中有明显体现。行情（三）中，MACD 指标金叉离 0 轴较远，通常不构成买入信号，但是实际走势量价配合理想，形成量价齐升的良好格局，结果走出了大幅反弹行情。行情（五）中，MACD 指标底背离时绿柱子只有 2 根，通常而言反弹不会很大，但由于成交量配合不错，实际行情比预期的略强。量价关系的重要性由此可见一斑。

第三节 案例分析：以中小板指数为例

本章前面两节介绍了 MACD 指标的基本知识与运用要点。为加深读者对于 MACD 指标的理解，了解 MACD 指标的实际运用效果，笔者对中小板指数最近两年多来的 MACD 指标运用情况做了梳理，以期读者能在实战中灵活运用。

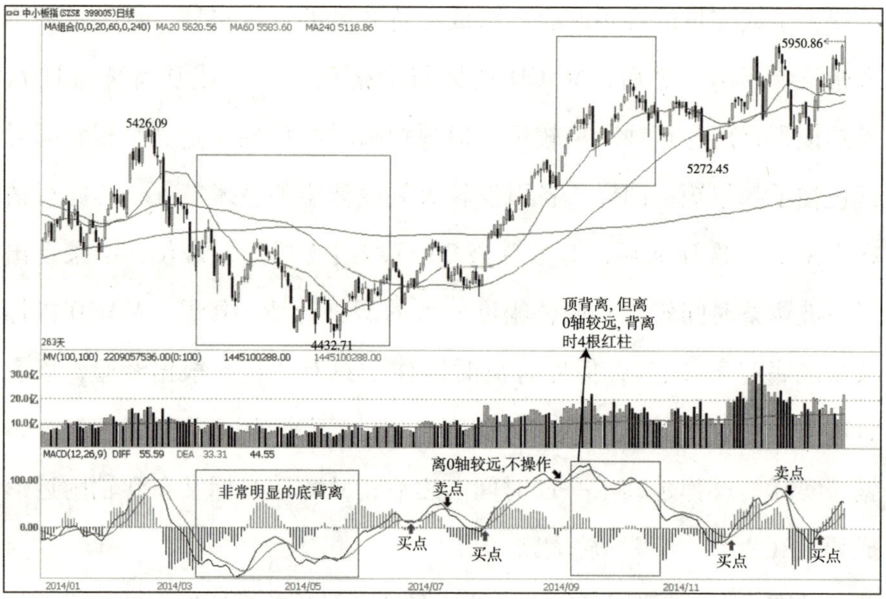

图 8-2　中小板指日 K 线图（2013 年 12 月 23 日—2015 年 1 月 19 日）

图 8-2 中，我们仅考虑 MACD 指标的买卖点判断方法，没有考虑其他技术因素。可以看出，期间中小板指发生了一次非常明显的底背离（背离行情的价格底部明显低于前期底部，而 MACD 指标均线构成的背离底部明显比前期底部抬高），该底背离虽然 MACD 指标均线离 0 轴较远，但背离非常明显，并且背离时 MACD 绿柱子根数达到 10

根以上，因此有可能发生较大的反弹行情，是值得参与的买入信号。之后在0轴附近的金叉、死叉构成相应的买卖信号。接着在离0轴较远处发生死叉又马上金叉，由于离0轴较远，没有太大的操作价值。之后又发生顶背离，但顶背离时离0轴较远，并且背离时红柱子只有4根，估计回调幅度不会很大，此时既可以先出来观望，也可以考虑继续持股。接着又在0轴附近形成金叉、死叉，构成相应的买卖点。

图8－3　中小板指日K线图（2015年1月13日—2015年8月19日）

从图8－3我们可以看出，如果只考虑MACD指标买卖点信号，那么MACD指标在0轴附近形成的两次金叉构成买入信号，0轴以上的两次死叉以及0轴以下的一次金叉均由于离0轴较远而不构成操作信号。很显然，仅仅根据MACD指标信号操作，2015年6月的大跌可能无法躲过风险。但是如果结合量价关系、均线、趋势等技术分析手段，可以发现在顶部高位已经形成明显的量价背离，并且在下跌开始不久就有效跌破了20日均线这一动态趋势线，应及时清仓回避风险的信号非常明显。

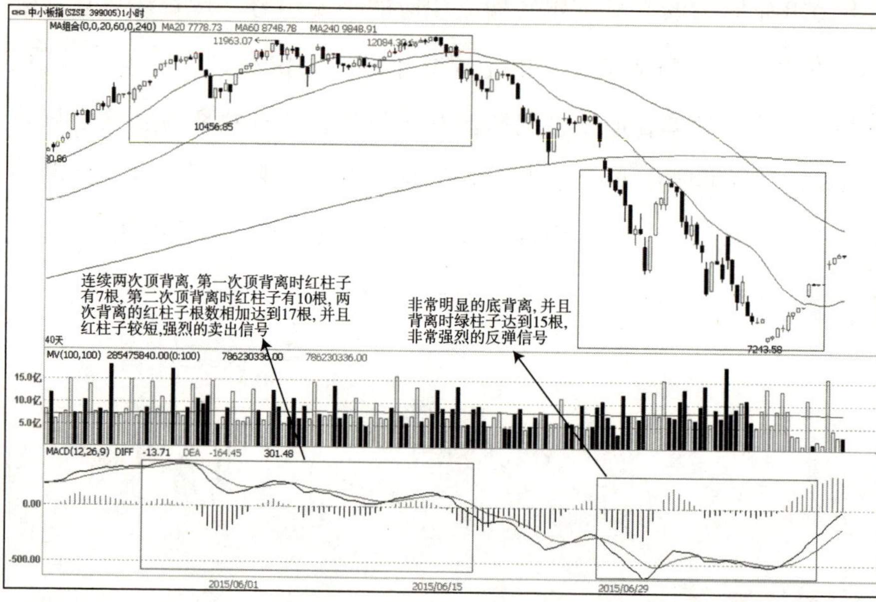

图 8－4　中小板指 60 分钟 K 线图（2015 年 5 月 18 日—2015 年 7 月 10 日）

图 8－4 是图 8－3 的一部分行情，我们把它缩小了一个时间周期来进行观察。在图 8－4 60 分钟 K 线图中，我们可以清晰地看到，在 2015 年 6 月中旬行情高位时，MACD 指标已经形成连续两次顶背离，第一次背离时红柱子有 7 根，第二次背离时红柱子有 10 根，两次背离的红柱子相加达到 17 根，并且红柱子都较短，第二次背离时 MACD 指标均线已经离 0 轴很近，非常强烈的卖出信号。在行情大幅下跌后，60 分钟 K 线图中 MACD 又发生非常明显的底背离（价格底部明显降低，MACD 均线底部明显抬高），并且背离时绿柱子达到 15 根，而且都很短，因此，虽然 MACD 指标均线离 0 轴较远，但仍然构成强烈的反弹信号。

由此可见，在日线级别的周期中没有体现出来的 MACD 指标技术分析意义，在 60 分钟级别中已经非常强烈地体现了出来。因此，我们在本章第二节中强调，60 分钟周期级别是有较大操作意义的。同时也可以看出，在日线级别中找买点，在 60 分钟级别中找卖点也具有相对程度的可操作性。

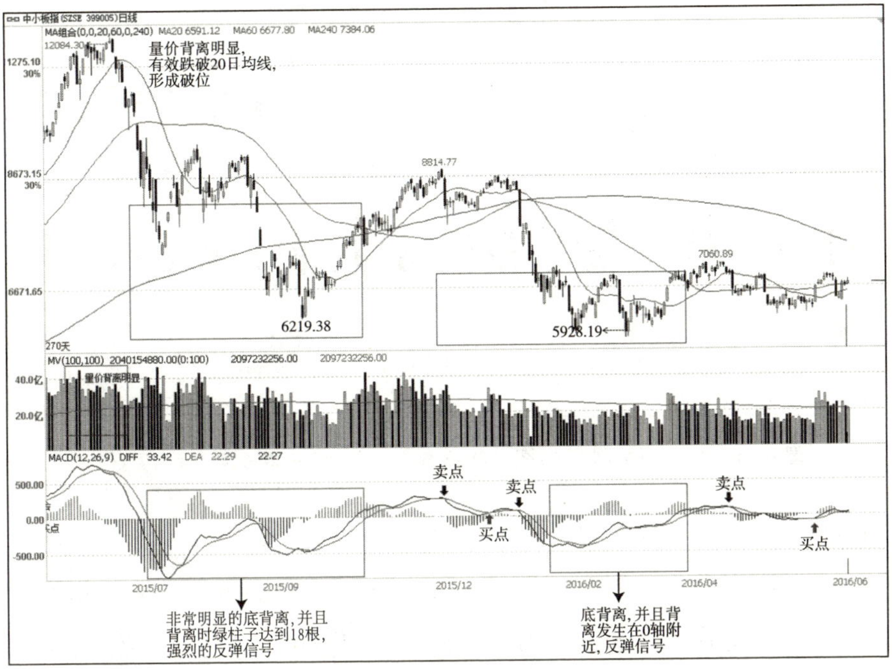

图 8－5　中小板指日 K 线图（2015 年 5 月 13 日—2016 年 6 月 17 日）

图 8－5 是截至本书完稿之日的中小板指日 K 线图。我们可以看出，期间发生了两次底背离，第一次底背离属于非常明显的底背离，背离时绿柱子达到 18 根，虽然离 0 轴较远，依然属于强烈的反弹信号；第二次底背离时 MACD 均线已经非常接近 0 轴，属于较典型的买入信号。其他在 0 轴附近形成的金叉、死叉构成相应的买卖信号。

我们在观察图 8－5 的时候，发现 MACD 指标均线经常在 0 轴附近发生金叉、死叉，说明这段时期从日线级别上较难判定行情的多空方向。我们在本章第一节中讲到，在本周期看不清行情方向的时候，应放大一个周期来判断。因此，在此时我们通过观察中小板指的周 K 线

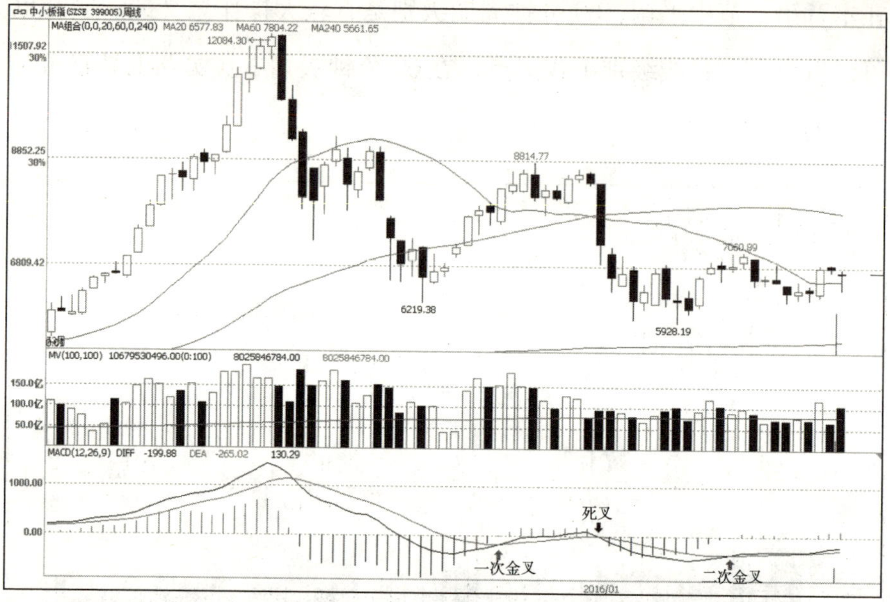

图 8-6 中小板指周 K 线图（2015 年 1 月 23 日—2016 年 6 月 17 日）

图来进行判断，即图 8-6。

我们可以看出，周 K 线图已经在 0 轴以下发生两次金叉，并且金叉均发生在离 0 轴不太远的地方，而 0 轴附近的二次金叉是较为典型的买入信号，因此，中小板指已经在周线级别的 MACD 指标中发出买入信号，后期展开反弹的可能性较大。

第九章　波浪理论及其他技术分析手段

本章作为本书“技术分析”部分的最后一章，对波浪理论与黄金分割、时间周期、市值大小与股价长期走势的关系以及技术分析的步骤等进行简单介绍。

第一节　关于波浪理论与黄金分割

波浪理论

波浪理论是美国证券分析家拉尔夫·纳尔逊·艾略特（Nalph. Nelson. Eilliott）在1938年所提出。波浪理论认为，股市呈一定的基本韵律和形态，5个上升浪（1、2、3、4、5浪）和3个下跌浪（a、b、c浪）构成了8个浪的完整循环，其中3个下跌浪作为前5个上升浪之调整。同时，浪可分为推进浪和调整浪，推进浪包含5个子浪，调整浪包含3个子浪。在5个上升浪中，1、3、5浪是上升推进浪，由5个子浪构成；2、4是调整浪，由3个子浪构成。在3个调整浪中，a、c浪是下跌推升浪，由5个子浪构成，b浪是调整浪，由3

个子浪构成。波浪理论的示意图详见图 9 – 1。

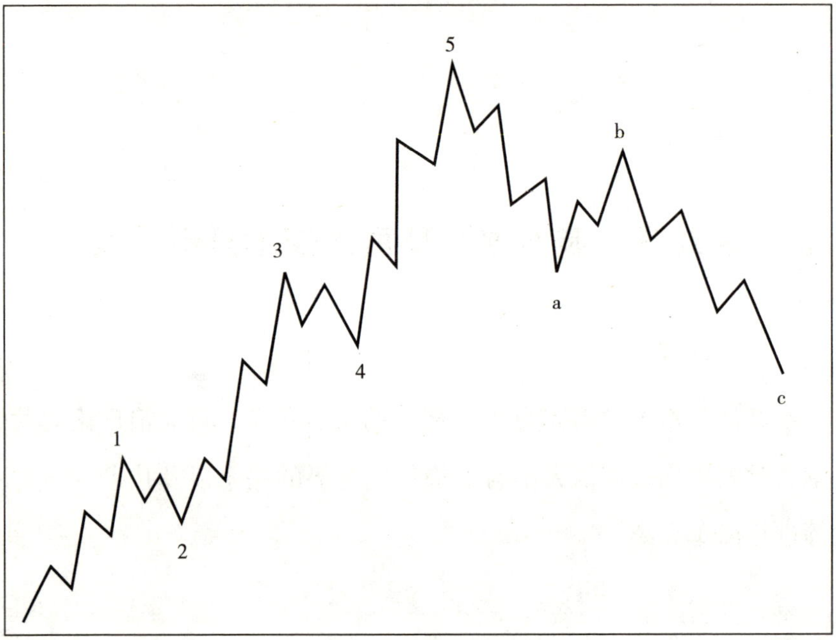

图 9 – 1　波浪理论示意图

波浪理论由于数浪的困难，我们此处不过多介绍与讨论，实际运用过程中也是仁者见仁、智者见智。笔者认为，波浪理论的这种浪型划分是与阴阳五行理论不符的。根据“阴阳平衡”原则，以及“阴阳之中复有五行”的理论，上升为阴转化为阳的过程，有“五行”，对应上升“五浪”；下跌为阳转化为阴的过程，也应有“五行”，对应下跌“五浪”，这才是合理的、与阴阳理论相契合的。细心的读者可能还会发现，其实有时候上升也并不一定走“五浪”，而是可以走出更多的浪，下跌同样如此。那么是否有人统计过，实际行情最多走多少浪呢？其实根据阴阳五行理论，最多能走多少浪是可以推算的，最多可以走九浪。由于阴阳五行理论确实比较高深，话题就不扯太远了，有兴趣的读者可以自己去观察一下实际走势，看最多有没有超过九浪的。

笔者发现波浪理论与阴阳五行理论不符的情形后，较少使用波浪理论。即使要用也是按照“上升五浪、下跌五浪”的浪型划分来进行研判，并且必须结合其他技术分析方法来使用。

当然，也可能是笔者对于波浪理论的研究不够深入、没有领会波浪理论的精髓所造成的误解。如果读者认为波浪理论好用，不妨继续使用，不要轻易受笔者思想的影响。

黄金分割

黄金分割是一种古老的数学方法，黄金分割的创始人是古希腊的毕达哥拉斯（Pythagoras）。他在当时十分有限的科学条件下大胆断言：一条线段的某一部分与另一部分之比，如果正好等于另一部分同整个线段的比，即0.618，那么，这样的比例会给人一种美感。后来，这一神奇的比例关系被古希腊著名哲学家、美学家柏拉图誉为“黄金分割律”。

黄金分割在股市中基本的使用方法是：行情发生转势后，无论是止跌转升还是止升转跌，以近期走势中重要的峰位和谷位之间的涨幅作为计量的基数，将原涨跌幅按0.382、0.5、0.618分割为三个黄金点，股价在之后的走势将有可能在这些黄金点上遇到暂时的阻力或支撑。

应该说，黄金分割运用最多的是作为波浪理论的配套工具来使用。在上升浪的回调过程中，经常在回调到上升幅度的0.382、0.5、0.618处止跌；在下跌浪的反弹过程中，经常在反弹到下跌幅度的0.382、0.5、0.618处结束反弹。

由于波浪理论数浪的困难，黄金分割同样存在寻找“近期走势中重要的峰位和谷位”困难的问题。寻找“近期走势中重要的峰位和谷位”的过程其实就是一个判断浪型起点与终点的问题，也就是一个数浪的过程。应该说，如果数浪对路，黄金分割的神奇也经常得到验证。但是，由于笔者深感数浪困难，黄金分割在笔者实践中也很少使用。

同样须提醒读者的是，如果读者认为黄金分割好用，不妨继续使用，不要轻易受笔者思想的影响。

第二节 关于时间周期

时间周期，又称“循环周期”“时间循环周期”。它是自然界的一种规律，可以说大到宇宙小至草木，无一不受时间循环的支配，我们熟知的春夏秋冬循环就是典型的时间周期循环。股市作为自然界的一种事物，是一种客观存在，同样不能脱离时间周期循环。

关于时间周期，江恩说过：“时间是决定市场走势的最重要因素，经过详细研究大市及个别股票的历史走势，你将可以给自己证明，历史确实重复发生；而了解过去，你便可以预测未来。”江恩还认为，时间可以超越价格平衡，当时间到达，成交量将推动价格升跌；时间作为预测市场走势的一个因子，其最重要的作用在于预测市场运动趋势转折点。

股市中的时间周期运用较广的主要有两种，一种是等距时间周期，还有一种是斐波拉契时间周期。

等距时间周期

在股市中，等距时间周期是指在某个特定的时期，股票价格走势呈现相等时间内周期性规律变化的现象。比如在某个特定的时期，某只股票的价格走势呈现每隔 20 个交易日就出现一次波峰或波谷的现象，即属于等距时间周期现象。

● 绘制方法

等距时间周期为江恩理论所重视。江恩认为，市场的顶部和底部之间必定存在一定的数学关系，而市场重要的顶部和底部在时间周期上也同样遵循自然循环。等距时间周期线可以通过股票软件的“画线工具”栏中的工具画出。

等距时间周期有四种画法：从重要低点到重要高点的时间跨度为基准来画、从重要高点到重要低点的时间跨度为基准来画、从重要低点到重要低点的时间跨度为基准来画、从重要高点到重要高点的时间跨度为基准来画。需要注意的是，高点或是低点都是在某一阶段内相对而言的，没有绝对的高点或低点。

● 案例分析

实践中发现，在四种画法中，从低点到低点、高点到高点的画法相对更可靠，而从低点到高点、高点到低点的画法相对可靠性不那么高。通常，分析的周期级别越大，可靠性也相对越高，比如月线周期级别的等距时间周期规律明显高于周线或日线级别的时间周期。我们通过上证指数和深证成指的月线图进行验证。

图 9 – 2 是上证指数发布以来的月线图，我们以图中最早形成的两个低点间的月 K 线数为等距时间周期数，画出等距周期线。

图 9 – 3 是深证成指发布以来的月线图，我们以图中最早形成的两个高点间的月 K 线数为等距时间周期数，画出等距周期线。

从图 9 – 2 和图 9 – 3 我们可以看出，无论是以低点到低点间的距离画出的等距周期线，还是以高点到高点间的距离画出的等距周期

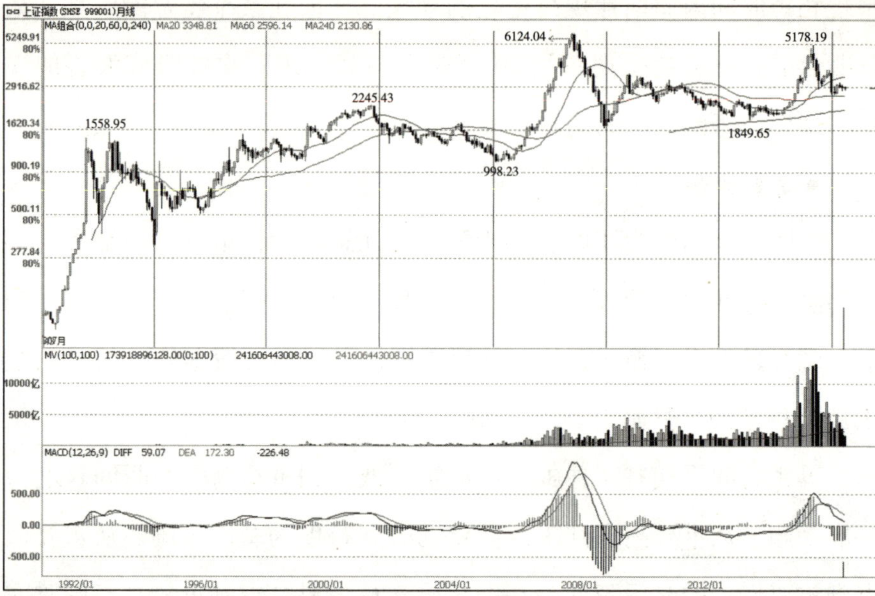

图9－2　上证指数月K线图（1990年12月31日—2016年6月17日）

图9－3　深证成指月K线图（1991年4月30日—2016年6月17日）

线，在之后的行情走势中均体现出了非常理想的预测效果，即之后的每根周期线均落在了非常重要的高点或低点位置附近，还有几次是正好落在了最高点或最低点。这在一定程度上说明股市运行确实与时间周期密切相关。

此外，时间周期通常不会因突发的利好或利空消息影响而改变其周期运行时间，即股市运行的某种固有周期规律不会轻易改变。

斐波拉契时间周期

斐波拉契时间周期是另一种较为重要的时间周期。意大利数学家列昂纳多·斐波拉契（Leonardoda Fibonacci）在 13 世纪提出了这样一组数列：1、2、3、5、8、13、21、34、55、89、144、233、377、610……从该数列的 3 开始，每一项都等于前两项之和。该数列以列昂纳多·斐波拉契命名，被称为“斐波拉契数列”。斐波拉契时间周期是在斐波拉契数列基础上演化而来，以斐波拉契的时间间隔为跨度的时间周期，而以斐波拉契时间周期画出的周期线被称为“斐波拉契线”。斐波拉契线同样可以通过股票软件的“画线工具”栏中的工具画出。

斐波拉契数列在自然界中经常出现，如花朵的花瓣数，百合花的花瓣数为 3 瓣，梅花 5 瓣，飞燕草 8 瓣，万寿菊 13 瓣，向日葵 21 或 34 瓣，雏菊有 34、55 和 89 三个数目的花瓣。在乐器方面，钢琴上的全音阶由 13 个键组成，其中 5 个是黑键，8 个是白键。此外，树木的分枝总是以斐波拉契数列为基础，等等。因此，斐波拉契数列被称为“符合自然法则的数列”。股市作为自然界的一种客观存在，其运行规律与斐波拉契时间周期有某种契合也不难理解。

● 运用的核心要领和精髓

关于斐波拉契时间周期预测变盘点的神奇性屡屡有人提及，但细心的读者可能会发现，其他技术分析书籍或互联网上介绍的有关斐波拉契周期的用法基本流于形式，往往举某些特例以偏概全。

笔者想说的是，斐波拉契时间周期的确是神奇的，但是绝大多数人可能并没有领略到其运用的核心要领和精髓，因此真正能很好地在实战中运用的人可能并不多。下面笔者结合自己的实战经验，来谈谈斐波拉契时间周期的运用要点。

组成斐波拉契数列的数字无穷多，并且越往后数字间的差值越大，因此画出的斐波拉契时间周期线也一样，越往后两条线之间的时间周期间隔也越大。这就带来一个问题，是不是每条斐波拉契线都同等重要呢？答案是否定的。

笔者在实际运用中发现，真正重要的斐波拉契线有六条，即 5、8、13、21、34、55 这六个时间节点的六条斐波拉契线，还有一条也比较重要，但没有在斐波拉契线中体现出来，那就是 17。17 之所以也比较重要，是由于它是 34 的一半，而 34 是六个重要时间节点中的偶数。从阴阳理论的角度来说，偶数属于阴，具有天然的相对不稳定性，有分解成两个奇数的可能，而 17 作为 34 的一半，又是质数，稳定性高。有人可能会问，8 也是偶数啊，是不是 8 也要分解？问题是 8 分解后就到 4，还是偶数，4 继续分解就是 2，还是偶数，2 最后分解到 1，这种分解就没有意义了，因为 1 和 2 本身就是斐波拉契数。

这又带来一个新的问题，5 以下的和 55 以上的斐波拉契线怎么处理？笔者的观点是：无须理会。理由是：5 以下，间隔的周期太小，在如此小的间隔周期，发生大的转折点机会不是很大；而 55 以上，间隔周期明显偏大，在明显偏大的间隔周期中，经常会出现高点和低点无法测得的情形。同时，如果以日线来衡量，55 周期接近一个季度的交易天数，而根据五行理论，每个季度的五行属性不同，比如春天属木，夏天属火，秋天属金，冬天属水；同样，如果以周线来衡量，55

周期接近一年的交易周数，而每一年的天干地支也都会发生变化，因此，将55作为斐波拉契时间周期的大数还隐含了一定的天人合一思想。

这又引发一个新的问题，到了55这一时间节点的斐波拉契线后该如何处理？笔者的观点是：重新画斐波拉契线。具体画法有两种，一种是以左边距离55周期斐波拉契线最近的高点重新画出，一种是以左边距离55周期斐波拉契线最近的低点重新画出。我们倾向于在市场处于牛市时，以左边距离55周期斐波拉契线最近的低点重新画出；而在市场处于熊市时，以左边距离55周期斐波拉契线最近的高点重新画出。因此，具体画法须结合所处的行情是牛市还是熊市而有所差异。

● **案例分析**

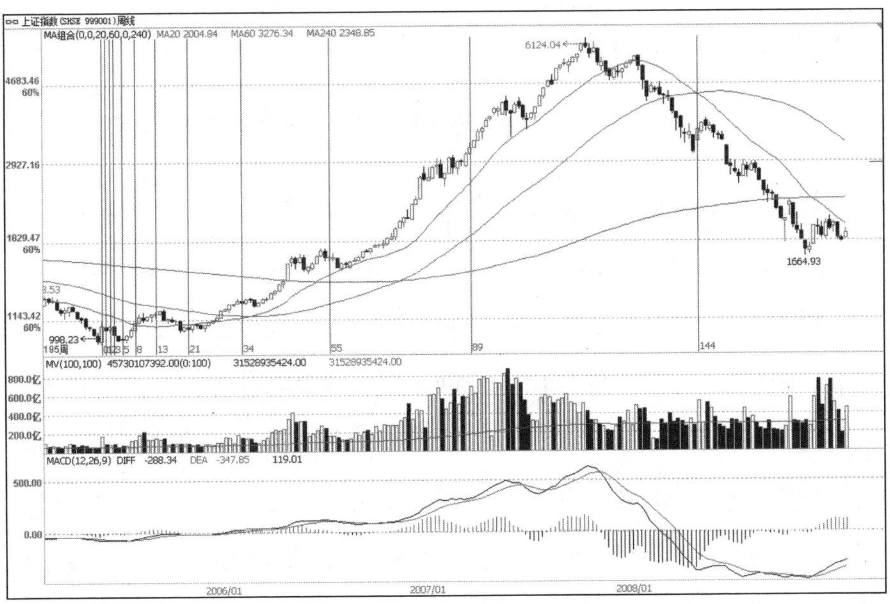

图9－4　上证指数周K线图（2005年2月25日—2009年1月9日）

从图9－4我们可以看出，从2005年6月初998点开始大牛市，我们以最低点处开始画斐波拉契周期线，5、13、21、55这四个周期附近都产生了相应的高点或低点，即变盘点；其中变盘点发生在每条斐波拉契线的前面或后面一根 K 线都属于正常，属于合理偏差范围。

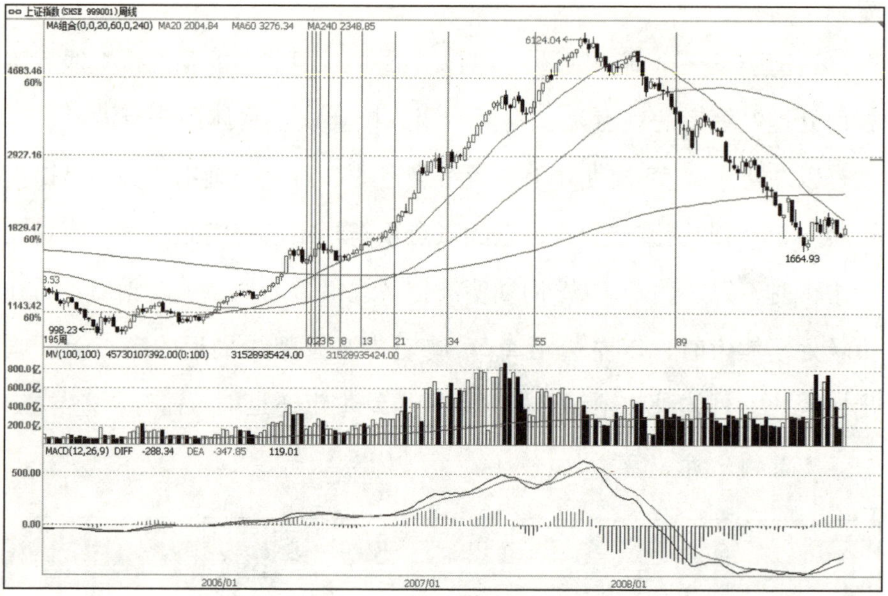

图 9－5 上证指数周 K 线图（2005 年 2 月 25 日—2009 年 1 月 9 日）

从图 9－5 我们可以看出，在满了一个 55 周期后，我们以左边距离 55 周期斐波拉契线最近的低点处开始重新画斐波拉契周期线，8、34、55 这三个周期附近都产生了相应的高点或低点，即变盘点。

从图 9－6 我们可以看出，在满了第二个 55 周期后，我们再以左边距离 55 周期斐波拉契线最近的低点处开始重新画斐波拉契周期线，5、17、55 这三个周期附近都产生了相应的高点或低点，即变盘点。

从图 9－7 我们可以看出，在满了第三个 55 周期后，由于股市已经转熊，我们调整为以最高点开始画出斐波拉契线，8、13、55 这三个周期附近都产生了相应的高点或低点，即变盘点。

从图 9－8 我们可以看出，从 2013 年 6 月下旬 1849 点开始指数没有再创新低，我们以 1849 点处开始画斐波拉契周期线，5、13、21、

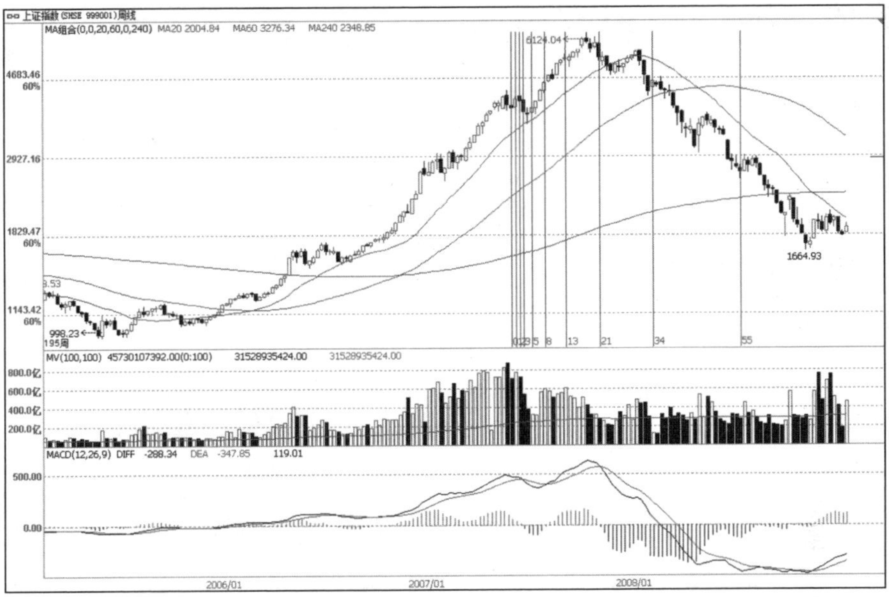

图 9－6 上证指数周 K 线图（2005 年 2 月 25 日—2009 年 1 月 9 日）

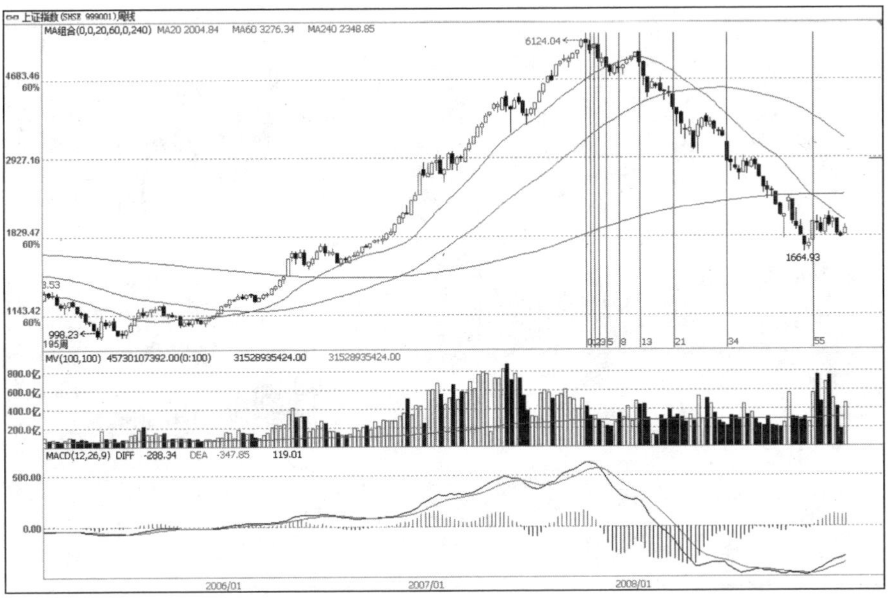

图 9－7 上证指数周 K 线图（2005 年 2 月 25 日—2009 年 1 月 9 日）

34、55 这五个周期附近都产生了相应的高点或低点，即变盘点。

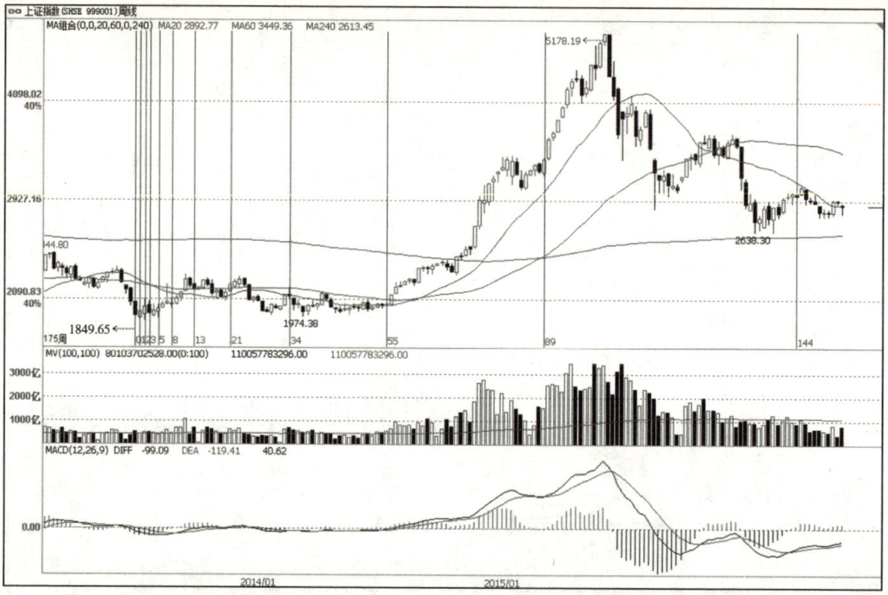

图 9-8　上证指数周 K 线图（2013 年 2 月 1 日—2016 年 6 月 17 日）

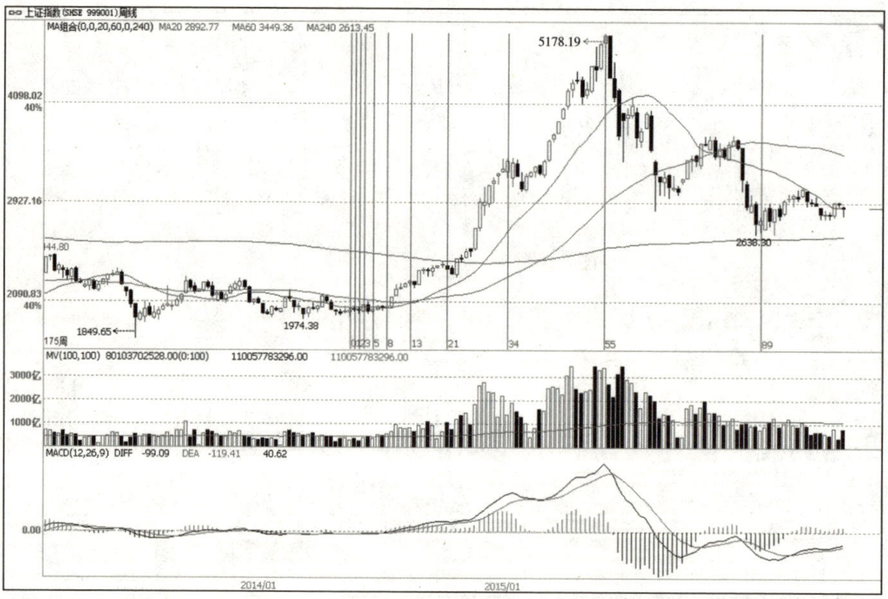

图 9-9　上证指数周 K 线图（2013 年 2 月 1 日—2016 年 6 月 17 日）

从图 9-9 我们可以看出，在满了一个 55 周期后，我们以左边距离55周期斐波拉契线最近的低点处开始重新画斐波拉契周期线，8、21、34、55这四个周期附近都产生了相应的高点或低点，即变盘点，其中第55周期斐波拉契线正好落在最高点5178点的位置。

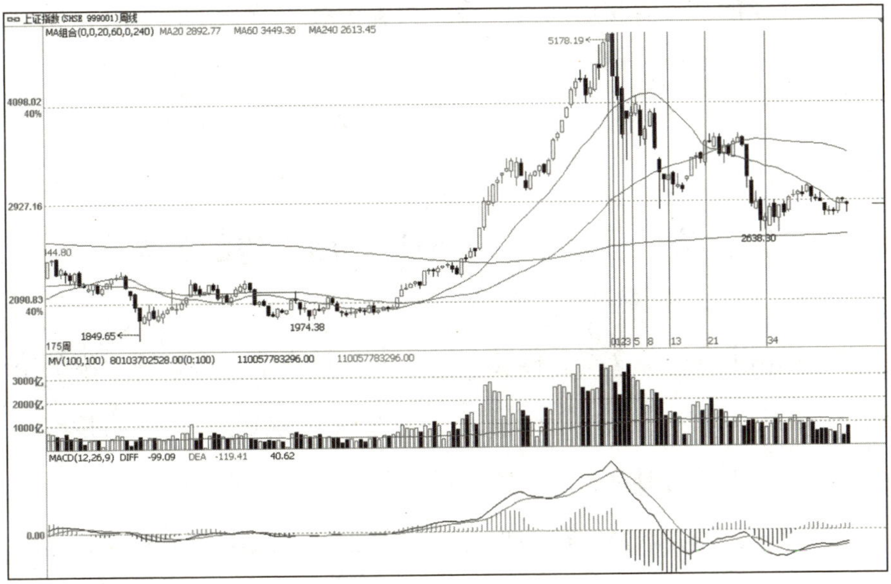

图9－10　上证指数周K线图（2013年2月1日—2016年6月17日）

从图9－10我们可以看出，在满了第二个55周期后，由于股市开始转熊，我们调整为以最高点开始画出斐波拉契周期线，该斐波拉契周期线尚未走完55个周期，但已经走出来的13、21、34这三个周期附近都产生了相应的高点或低点，即变盘点。

经常有人说斐波拉契周期带有迷信的成分，其实不然，它是一种自然法则，目前人们虽然不一定能把其中的原理说得很清楚，但至少是通过自然界的观察得来，并且在自然界中普遍存在，并非凭空捏造。为了更好地说明斐波拉契时间周期的神奇作用，此处笔者多截了几张图，也对其中的运用要点进行了详细阐述和举例说明。

通常，斐波拉契周期使用时，也是K线周期越大，可靠性相对越高。

上述的等距时间周期和斐波拉契时间周期都是重要的时间周期，实际运用中建议两者结合使用。笔者倾向于用等距时间周期判断经济周期大底、大顶，而用斐波拉契周期判断某一波行情可能的转折点。

须注意的是：时间周期只能是一种辅助技术分析手段，必须结合其他技术分析手段共同来进行研判。

第三节 股票市值大小与长期走势的关系

和讯网上有一篇文章，标题叫《如何通过市值大小判断上涨的空间》，发表于2014年6月26日。该文章总结的有关规律中，直接涉及上市公司总市值与股价长期走势的规律有四条，分别如下。

规律一：随着市值规模的提升，公司股价上涨越来越困难，业绩增幅≠股价增幅。在我们的考察期限内，除了极少数例外，高市值股票的平均估值水平都稳定低于低市值股票。

这意味着当公司由小股票成长为大股票时，估值将逐渐成为拖累股价上涨的变量。例如，要使1家200亿元市值公司的市值再提升1倍，在正常情况下其业绩增幅需要远超1倍。

规律二：100/200/800亿元以上市值标的合理PE（TTM）（两个英文简称均指市盈率，但计算方式有所差异——笔者注）水平的估值在40/30/20倍左右，从近5年的数据看，100/200/800亿元以上市值标的PE均值很少超过40/30/20倍，除非有强有力的支撑因素，投资者应优选估值水平在上述临界值以下的投资对象。

规律三：200亿~400亿元市值区间标的估值下滑风险提升，在A股上市公司生命周期中，200亿~400亿元市值是一道必须面对的门槛。公司市值达到200亿元以前，其大概率能够享受较高的估值水平（高于30倍PE），而当公司市值进入200亿~400亿元区间后，其估值水平存在加速下滑之虞。

以近3年为例，市值处于200亿~400亿元、400亿~800亿元、800亿元以上的上市公司平均PE（TTM）分别为29、22、12倍，这与中低市值标的所享受的高估值显然有着云泥之别。

规律四：25亿元市值看主题，200亿元看业绩，400亿元看创新，800亿元看国际对标。不同生命周期阶段上市公司有着不同的股价驱动因素。

一般而言，微小市值企业（25亿元以下）盈利前景不甚清晰，但能够享受较高的估值；只要公司契合时兴的主题，其市值即有可能达到25亿元量级。

中小市值阶段（25亿~200亿元）是企业成长的快车道，此时投资者的注意力集中在企业业绩能否兑现方面。

从中长期看，上市公司要想有效突破200亿元市值，必须向资本市场交出扎实的业绩答卷。规律三显示，当公司市值超过200亿元后，投资者开始更多考虑公司发展的“天花板”问题，在此阶段如果公司没有在成长模式上进行有效创新，其估值水平将显著降低，市值攀升困难程度增加。

对于超大市值公司（800亿元以上），一般而言其国内市场占有率提升空间已较为有限，面临与国际巨头正面交锋的压力，故其估值水平将越来越多地与海外巨头直接对标。

还有人曾对中国股市做过量化统计，分别按照不同行业抽样，也按照总市值分成大、中、小抽样，然后计算在不同分类之下一段时期的主升浪的涨幅，得出如下结论：

按照一个较长时期的抽样，比如两年或者更长的时间，股票的涨幅和行业没有多大关系。无论多么耀眼的行业在一个较长的时间范围内看，并没有涨幅的优势。而真正决定涨幅差异的只有一种分类，那就是：总市值的大小是决定股票长期涨幅大小的唯一有用指标！

从大的时间范围和数量更多地抽样分析看，中国股市股票涨幅严格按照总市值大、中、小的比例递增，总是总市值越小的股票涨幅越大、总市值越大的股票涨幅越小。

笔者认为，上述规律或结论是非常具有借鉴意义的，尤其是在中国股市注册制推出和退市制度完善以前，这种规律可能不会发生大的改变。但同时，我们也应该意识到，一旦注册制推出或退市制度完善，估值规律可能也会发生相应的改变。因为一旦注册制推出，上市公司的“壳”价值就大大降低，不大可能再出现随便一个“壳”就给10亿元或更高的估值；而一旦退市制度完善，运营不规范的公司可能面临直接退市的风险，同样较难得到市场普遍性的高估值。

第四节　技术分析的步骤探讨

本节是本书第二部分“技术分析”的最后一节，在前面介绍了多种技术分析理论及其运用技巧后，在本部分的最后一节与大家探讨一下技术分析的步骤。需说明的是，这只能是探讨，因为每个人的技术分析方法不同，分析习惯也不同。笔者在此处所写的分析步骤是笔者认为合理的步骤，完全不排除有读者掌握了比笔者更先进、更高明的分析方法或分析步骤。笔者的技术分析通常遵循如下步骤。

- **一看量价关系**

量价关系之所以是笔者首先考虑的因素，一是由于其重要性，二是由于其明显性，成交量柱子的伸长非常容易观察。通常而言，股价在开始上涨时或上涨前都会有一个成交量放大的过程。如果是熊市末期面临熊牛转换阶段，通常会有一个底部放量的过程，并且底部放量后通常还会有一个明显的缩量回调过程，缩量回调后的再次放量通常可能是较佳的介入时机，即熊市转换到牛市通常体现出“量在价先”特点。如果是在上升趋势的回调阶段，股价再次启动上涨时通常会出现放量上涨的标志性阳线，此时通常也可能是较佳的介入时机。因此，在成交量明显放大之前，我们通常不考虑买入股票，只有在股价开始明显放量后才进行进一步观察分析，以判断是否值得买入。

在考虑卖股票的时候，量价关系同样是我们最先考虑的因素，在一波行情的末端，通常都会体现出量价背离的情形，此时我们就要做好随时卖出股票的打算。

• 二看趋势（包括均线）

当我们留意的股票成交量明显放大之后，通常我们会进一步进行分析，接下来该做的比如画出该股票的趋势轨道线，看价格处于趋势轨道线的什么位置等。通常买入股票的较佳时机是趋势下轨附近，上升趋势和下跌趋势都是如此。如果是在下跌趋势线刚刚被突破时，则股价回抽下跌趋势线时也通常是较好的介入时机。还有就是看移动均线，我们通常把移动均线作为动态变化的趋势线来用，尤其关注 20 日、60 日和 240 日移动均线与股价的位置关系，通常该 3 条均线具有较强的支撑阻力意义，突破或破位的技术分析意义均比较重大。

在考虑卖出股票时，上升趋势线和重要移动均线是否被跌破也是我们重点关注的技术因素。

• 三看价格形态

在量价关系和趋势（包括均线）理论都支持买入的情形下，我们会进一步观察价格形态特点，看是否已经突破颈线位。如果尚未突破颈线位，则看离颈线位有多远，如果股价距离颈线位很近，我们通常会考虑在股价突破颈线位时跟进；如果股价距离颈线位较远，我们还是会考虑买入，但会密切关注颈线位的压力。如果已经突破颈线位，那么通常意味着一波上涨行情已经形成，我们会考虑等待股价回调后的再次放量上涨时及时跟进，绝不轻易追高。

在考虑卖出股票时，顶部的价格形态同样是我们所关注的，但此时关注的重点是“有迹象表明可能形成顶部”，而通常不是等到顶部价格形态已经形成、颈线位被跌破时才考虑卖出，因为等到颈线位被跌破时，股价通常已经跌了一段。宁愿卖早了，也不愿等到下跌一段后再卖，这是我们把握的原则。因为卖掉的股票如果继续涨则通常意味着行情比想象的要大，而此时可以有机会换成别的涨幅不大的股票，接下来的涨幅不见得比已经卖出的股票涨幅小；而一旦该卖的时候没有及时卖出，则接下来是直接受损失，因此，买入股票时宜比卖出股票时更谨慎，即所谓“严入宽出”。

- **四看技术指标**

在以上技术分析手段都支持买入的情形下，我们还会参考一下 MACD 指标，看看是否在 0 轴附近发生金叉、是否有底背离以及底背离时 MACD 均线离 0 轴的距离远近、背离行情中的绿柱子根数及长短等，以进一步增强技术分析的可靠性。

在卖出股票时，就短线而言，MACD 指标的 60 分钟背离通常也是我们重要的参考因素。

- **五看时间周期**

如果上述技术分析手段均符合买入标准，我们还会继续观察一下时间周期因素。通常，在周期性变盘时间节点附近形成上述技术买点，则可靠性更高。

在考虑卖出股票时，时间周期因素同样是我们参考的因素，在周期性变盘时间节点附近形成技术卖点，通常可靠性也更高。

• 六看市值大小

在各方面技术形态比较相似的情形下，我们会尽量选择总市值更小的股票进行操作。

第三部分

投资策略

投资策略，是指为实现投资目的而制订的应对市场变化发展的行动方案。股票市场风起云涌、瞬息万变，短期的盈亏都不能说明什么问题。比如在大牛市，多数人都会赚钱，但在遇到大熊市时，能将牛市中赚到的钱不亏回去的人就不多了。能在股市中获利的人，其中有运气的成分，但如果仅凭一时的好运赚钱，那么回头又还给市场的概率就相当大。要想长期在股市中稳定获利，归根结底还是要制定适合自己的投资策略。

第十章　如何制定投资策略

笔者多年的投资经验以及笔者了解的一些私募基金运作情况表明，制定一套好的投资策略非常重要，这也许是确保您能在股市中长期稳定获利的法宝。

第一节　什么是好的投资策略

笔者认为，一套好的投资策略一般具有以下特征：

（1）经历史行情验证，该投资策略是可以稳定获利的；

（2）该投资策略是符合投资者自身性格特点的，投资者有能力将其贯彻执行；

（3）该投资策略是符合投入股市的资金性质和特点的。

大部分人亏钱的原因

应该说，能够稳定获利的投资策略很多，只要您能够一如既往地执行，很多投资策略都会有不错的收益。但是，在股市中赚钱的人为什么还是那么少？

•绝大多数散户投资者可能还没有制定投资策略的概念

很多散户投资者即便在脑子里有一些如何操作股票的概念，但往往不成系统，甚至有些概念都是模糊的。说得直白一点，多数散户还没有想好自己该如何来买卖股票就已经扎进股市，一旦行情与自己预想的不一致就不知所措。赚了没有及时获利了结反被套牢的不少，盲目跟风、追涨杀跌导致亏损累累者比比皆是，买入就被套、越套越深、终于挺不住心理的煎熬在最低位割肉的同样不乏其人，等等，不一而足。这种现象之所以普遍存在，最大的原因可能就在于广大散户投资者没有制定合适的投资策略，而中国股票市场散户数量又特别巨大。

•有些人制定了投资策略，但可能并不适合自己，导致不能贯彻执行到底

如上所述，一套好的投资策略一般都要具备三个特征：可以稳定获利；符合投资者自身性格特点，使其有能力贯彻执行；符合入市资金性质特点。

有些人懂一些财务知识，有一定的基本面选股能力，但性子比较急，每天都有操作股票的欲望，而他制定的投资策略却是一套价值投资型的长期持股策略，结果在执行过程中“耐不住寂寞”是必然的。比如，明明买了一个基本面良好、适合长线持有的股票，但看着不涨就心里着急，一不小心就换了股票，结果买了的没涨，卖了的拼命涨。看着卖了的股票疯涨，心里备受煎熬，看着买了的继续像死鱼一样躺着不动，再一次手痒，又买回了原先已经卖掉的股票，也顾不得那个股票是否已经涨高，结果刚卖掉的股票突然发力上涨，而原来已经涨高的股票却开始回调。这一次“终于吸取了教训”，要“耐心”等待手中的股票解套并“长期持有赚大钱”，结果没想到这个股票一调整就是半年，而其他股票继续涨。对于一个性子急的人来说，半年的调整已经不是简单的“煎熬”可以形容，而是到了几乎快得“抑郁症”的程度，于是“教训”再次被置之脑后，抛出手中的股票买入热点品种，结果刚抛的股票又开始一轮上涨，而刚追高买入的股票又开始下跌。这一次是“铁了心”了，鼓励自己说，看看自己买过的股票，哪个不是翻倍甚至翻几倍的？这说明我的选股能力超级强，只要多点耐心，这次一定可以赚大钱！于是下定决心这次不翻倍绝不卖出！没想到此时行情已经在高位开始见顶回落，接下来熊市来临，漫漫熊途，股价跌去超过 8 成……呜呼！这样的人我在 2005 年开始的大牛市和 2008 年开始的大熊市中见到不少。

有些人恰好相反，本身就是慢性子，但自己没有能力通过基本面分析选出具有投资价值的股票，买了几本技术分析的炒股书籍进行研究，制定了一套技术分析型短线交易投资策略，结果实际操作中根本没办法很好地执行。很多人就是根据 MACD 指标的背离来进行买卖时机的选择，比如 1 小时 MACD 底背离时买入，顶背离时卖出。应该说，这套策略如果加上合理的止损位设置并能够严格执行，在多数时候还是管用的。但是，技术分析的特点是：没有一种技术分析能保证您 100% 盈利。比如这套策略总体能有 70% 左右的胜率，已经是一套不错的策略了。但是，执行的人不同，效果可能千差万别。有些人遵循这套策略，一年内翻倍还远远不止，但有些人执行这套策略可能不但不盈利，反倒亏损累累。其中的重要因素就是能不能执行到底！慢性子的人往往缺乏当机立断的执行力，买入时机出现的时候犹犹豫豫，以致错过最佳入场点；卖出信号出现的时候还是慢慢悠悠，以致不能在理想的价位及时获利了结。要知道短线操作的每一次交易本来就是冲着那么十几个甚至几个百分点的利润去的，该买入的时候一犹豫，该卖出的时候又一犹豫，本来该有的利润就在这犹豫之间消失了。

当然，最致命的是，明明制定的是短线交易策略，但在被套的时候却舍不得及时止损！短线操作必须制定严格的止损纪律，绝不能让短线交易变成中线或者长线持股！读者可以留意一下身边炒股的人，明明想做短线赚快钱，结果“炒股炒成股东”的人真是太多了。

以上所举的例子，都是因制定的投资策略不符合自己的性格，导致不能贯彻执行到底的情形。一套不能被有效执行的投资策略，即便测算的理论收益再高，也不能发挥应有的作用，而不能被有效执行的原因通常都是不适合自己。记住，能赚钱的投资策略很多，务必找到一套适合自己性格的，运用起来能得心应手的，这非常关键。

• 制定的投资策略对资金性质考虑不够周全，遇到极端情形时引发爆仓

资金管理是投资策略的重要组成部分，好的投资策略必须在资金管理上有周全的考虑。根据投入股市的资金性质的不同，资金管理的方式也应有所差别。

有些人投入股市的资金是借来的，而执行的投资策略是长期持股，这就会有很大的问题，因为长期持股虽然最终盈利的可能性较大，但总体的盈利水平不见得会很高，巴菲特的年均投资收益率也就百分之二十左右，但巴菲特的资金无须成本。如果您算上资金成本，而选股能力又不一定能达到巴菲特的水平，那么最终能否获利就是个问号了。

还有的人喜欢搞融资融券，甚至场外配资进行杠杆交易，这对资金管理的要求那就相当高了。在2015年6月中旬开始的股灾中，许多杠杆交易者出现爆仓，有不少人还是在股市中摸爬滚打多年的老手，其中也不乏职业投资者；不少私募基金也因到达平仓线而被迫清盘。情况极其惨烈，不少投资者多年的财富积累在顷刻间灰飞烟灭。这其中的原因可能比较复杂，但是采取杠杆交易而资金管理水平不过关一定是导致爆仓的其中一个非常重要的原因。

应有的理念

记住，无论您在股市中曾经翻了多少倍，赚了多少个 100%，但是亏掉全部的钱只需要一个 100%。如果采取的是杠杆交易，亏百分之几十就可能已经让您倾家荡产，这个与资金量大小没有关系。

在制定投资策略时，根据投入股市的资金性质不同，对资金管理的要求也不同。如果是自有资金，那么在制定投资策略时就可以有更多的方案可供选择，比如长期持股、中期大波段操作、短线交易都是可以的，关注的焦点则应主要集中在投资策略的收益率高低以及是否符合自己的性格、能否运用自如并有效执行。

如果投入股市的资金是借来的，比如将房子抵押进行贷款融资炒股，那么制定投资策略时的回旋余地就相对要小一些，至少要考虑资金成本的问题，像巴菲特那样长期持股显然不合适，只能选择中短期持股，并且必须严格止损。

对于杠杆交易者而言，其制定投资策略时回旋的余地就很小，只能选择技术分析为主、严格止损的投资策略。

因此，如果您是一位不会止损的人，那么不建议借钱炒股或者进行杠杆交易。关于止损能不能学会或者锻炼出来的问题，笔者的观点是：相当困难，因为这主要是由性格因素决定的，“江山易改，本性难移”。一个不会止损的人要学会止损很难，但还是可以有补救的办法，比如设置电脑程序进行程序化交易，这样止损就可以由电脑来完成；还有就是专门请人来帮您下止损单。这对于资金量较大的投资者是可行的，但对于资金量不大的中小投资者来说，可能做到也比较困难。

简而言之，投资策略必须适合自己的性格特点和投资股市的资金性质特点，在此基础上，再来追求收益率更高的策略。

第二节　制定投资策略的方法

投资策略必须量身定制，这一点非常关键。

我有位朋友是某私募基金的投资经理，他掌握着一套收益率非常惊人的期货对冲交易投资策略，每月收益率能长期稳定保持在30%以上，但资金容量有限，最大的资金容量在500万元左右，再多就不灵了。他没有明确教过我这套策略，但是我看过他的交易记录，通过分析他的交易记录，我也掌握了这套策略。但是这套策略要求交易者的执行力非常强，强到几乎“冷血”，不带任何感情色彩；同时这又是一套主观交易投资策略，很难设计成电脑程序进行程序化交易。我试了一下这套策略，结果发现自己根本没办法执行，因为我真的不够“冷血”。还是那句话，即便再好的投资策略，如果没有能力贯彻执行到底也是白搭。

那么，如何制定适合自己的投资策略呢？笔者建议可以通过以下七步进行。

第一步：客观评估自己的性格特点

这里的性格特点是仅就股市投资而言，为对性格特点的评估有一个大致的判断标准，笔者设计了如下5个问题。

（1）买入股票被套，您会在套得不多的时候及时止损吗？

如果您的回答是“会及时止损”，那么您就应该考虑制定止损型的投资策略；如果您的回答是“不会及时止损”，那么就应该考虑制定不设止损型的投资策略。其中不设止损型的投资策略应当同时是价值投资型投资策略。

（2）自己持有的股票开始赚钱了，您认为赚多少百分比卖掉是合理的？

如果您的回答是“50%或者更多”，您应该考虑制定中长期持股策略；如果您的回答是“只要赚钱了，随时准备卖掉”，那么应该考虑制定短线操作策略。

（3）股票上涨过程中，您有随时想获利了结的念头吗？

如果您的回答是“有随时想获利了结的念头”，那么应该考虑制定短线操作策略；如果您的回答是“没有”，那么应该考虑制定中长期持股策略。

（4）您的持股仓位经常很重或习惯经常性满仓吗？

如果您的回答是“经常仓位很重或经常满仓”，那么应该考虑制定价值投资为主的策略；如果您的回答是“不会，只有在非常有把握的时候才会满仓”，那么可以考虑制定价值投资与技术分析相结合的投资策略。

（5）套住的股票您会继续加仓买入吗？

如果您的回答是“会继续加仓买入”，那么应该考虑制定价值投资为主的投资策略；如果您的回答是“不会加仓买入”，那么应该考虑制定技术分析为主、严格止损的投资策略。

上述5个问题，其中最关键是对第一个问题的回答。如果您不会止损，只能选择价值投资为主的投资策略，没有其他余地；如果会止损，则选择投资策略的余地就要大得多。对其他4个问题的回答，可以更有针对性地对自己的投资策略在某方面进行强化。

第二步：考虑自己投入股市的资金性质

这一步需要重点考虑以下四个问题。

（1）是不是自有资金？

（2）这个资金投入的时间可以有多长？

（3）如果是借来的资金，是银行信贷资金还是配资？

（4）如果是银行信贷资金，还款资金是否有其他途径可以安排？

如果是自有资金，并且这个资金是您的闲余资金，可以较长期投资于股市，那么您可以选择任何适合自身性格特点的投资策略，关注的重点可以放在所选择的投资策略本身的收益率高低上。

如果是自有资金，但是并不是您的闲余资金，而是一段时间后就要被用作其他用途的，那么就不应该选择长期持股策略，而应该考虑制定短线策略，并应严格止损。如果恰巧您是位不会止损的人，那么就不建议您将这笔钱投入股市。

如果是借来的资金，比如银行信贷资金，这要区分还款资金是否还有其他途径可以安排。如果是还款资金还有其他途径可以安排，比如向银行借了一笔资金，每月须向银行还款 2 万元，但您每月的稳定收入远远高于 2 万元，有足够的还款能力，这时您可以将这笔资金视为可以长期投入股市的自有资金来用，唯一不同的是必须考虑资金成本，因此应将所制定的投资策略的收益率水平放在重要位置。如果您每月须向银行还款 2 万元，但您的收入只有每月 1 万元，这时您只能选择短线交易策略，并且这套策略的收益要非常高才行，并应该严格止损。如果您不是顶尖高手（包括技术和资金管理，两方面都是顶尖高手才行），建议不要这样做，因为凡事总有意外，如果一不小心踩到一个“地雷”，股价连续跌停，那将是一场灾难。

如果您喜欢进行融资融券或配资等加杠杆交易，那么您只能制定短线策略，并严格止损。建议不会止损的人就不要考虑加杠杆交易了，2015 年 6 月开始的股灾教训已经足够惨痛，理应从中吸取教训。

第三步：草拟投资策略

在对自己的性格特点和资金特点有了比较客观的分析评价后，就可以开始草拟符合自身特点的投资策略了。

投资策略的内容主要包括入场点、出场点（包括止盈和止损），每次投入的资金量占总资金的比例等。

在刚开始制定投资策略的时候，您只能先根据自己的经验和认识水平进行草拟。比如有人通过观察，草拟了这样一套短线交易投资策略：股价收盘价在 20 日均线之上运行时开始考虑买入股票，具体的操作是股价收盘价站上 5 日均线时，第二天开盘价买入；股价收盘价跌破 5 日均线时，第二天开盘价卖出（不论盈亏）；每只股票投入的资金量不超过总资金量的 20%。

当然，这个草拟的投资策略能否作为最终确定的投资策略，还需要经过下面的步骤。

第四步：对草拟的投资策略的历史盈利情况进行统计验证

以上述投资策略为例，可以选择几个自己看好的股票对该投资策略的历史盈利情况进行统计验证。比如选择 5 只自己看好的股票，对该 5 只股票最近三年内的历史行情进行回顾，即假定三年前就开始在这 5 只股票上施行了该套投资策略，到目前为止的盈利情况是多少，每年的年化收益率又是多少，最大的资金回撤比例是多少，以此来判断该套投资策略该不该执行。

如果测试的结果令您感到满意，则保留该套投资策略；如果收益率较低不能令您满意，甚至不能盈利反而亏损，或者因资金回撤的比例较大不能让您满意，则果断放弃，并重新草拟投资策略、再次进行历史盈利情况的统计验证，直到找到收益率令您感到满意的投资策略为止。

第五步：试运行，看是否能够运用自如并在实战中稳定获利

完成对草拟的投资策略的历史盈利情况统计验证后，对该套投资策略可能的收益率应该说已经基本了然于胸了。接下来就要进行实战检验，您可以先拿少量资金对该套策略进行试运行，并将实战的效果与历史统计验证的效果进行对比，看看实战的效果是否与历史统计验证的效果大体一致。

试运行的时间不太好把握，因为这与市场的整体走势密切相关。为此，我们可以用试运行期间的交易次数来确定试运行是否已经可以结束。通常而言，试运行期间至少要有10笔以上的交易（一买一卖为一笔）。

第六步：对试运行情况进行总结，并不断完善投资策略

根据试运行情况，首先看收益情况是否满意，与历史统计验证的效果相比收益率是偏高还是偏低，还要看看在执行过程中的失误率以及能否将该投资策略执行到底。如果失误率较高或者出现不能有效贯彻执行到底的情形，则说明该套投资策略可能不是最适合您的特点，或者还存在一些需要完善的地方。

如果收益率令您感到满意，只是存在一些执行不够坚决的情形，

那么首先要考虑有没有办法可以让您的执行变得更坚决，或者进行其他诸如此类的改进和完善，并继续运用，争取熟能生巧。

如果收益率差强人意，失误率较高，每次执行的时候都有一种莫名的痛苦感，那么还是再找找其他更适合您的投资策略。

第七步：最终确定投资策略

上述各项都完成后，就可以最终确定您的投资策略了。

一旦确定了投资策略，就要坚决去执行，如果收益率令您感到满意，就不要轻易去变换。很多人就是经常变换投资策略，长期来看效果并不见得那么好，多数时候的收益情况还不如始终坚持一套投资策略。

当然，同一套投资策略可能会因使用人数的增多而导致收益率下降、甚至不再有效的情况。如果原先制定的投资策略的收益率已经开始让您觉得不再满意，那么应考虑放弃该套策略并寻找新的适合自己的投资策略。

第十一章　不同风格的投资策略说明与探讨

上一章我们介绍了制定投资策略的方法和步骤。由于投资策略必须量身定制，因此，不同性格的人、不同性质的资金需要采用不同风格的投资策略。笔者认为，止损或者不止损可能是影响投资策略制定的最关键因素，而对于主要从事代客户理财和资产管理业务的私募基金来说，资金管理的重要性显得最为突出。因此，根据不同的风格类型，我们大体将投资策略分为三类：不设止损型投资策略、止损型投资策略、资产管理型投资策略。本章将对不同风格的投资策略分别进行说明与探讨。

第一节　不设止损型投资策略：适用人群与具体方法

不设止损型投资策略，是指在制定的投资策略中没有止损这一项内容，即买入股票时没打算在亏损的情形下卖出，直至持有的股票开始盈利后才考虑获利了结的投资策略。

不设止损型投资策略的适用人群

不设止损型投资策略主要适用于具有如下性格特点和资金特点的人：

（1）内心严重排斥止损，不会止损的人；

（2）死不认输，越跌越买的人；

（3）具有持股耐心，能够长期持股的人；

（4）使用自有闲余资金或相类似的资金进行投资，无资金压力的人。

一般而言，制定不设止损型投资策略的人应具备如下素质。

- ***必须以价值投资为基础，基本面选股的能力要非常强***

本书第一部分“价值分析”中详细介绍了公司投资价值评估模型和周期性行业拐点判断模型，希望能在不设止损型投资策略中体现其应有的价值。当然，如果读者还有更好的投资价值分析模型，则可以按照您更好的那一套来进行分析判断。

- ***一定要有大局观和周期思维***

对于不设止损的投资策略，您必须要有大局观，不能像止损型策略那样过多关注小级别的行情，只能将眼光放在抓大波段行情上。抄中期级别以上的大底，逃大顶，太小的机会一定要懂得放弃。因为行情越小越难把握，如果过多关注小级别的行情，一不小心就会被套，尤其当下跌趋势已经形成的时候，下跌途中的反弹是较难把握的，尽量放弃下跌趋势中的小级别反弹行情是应该有的胸襟。

同时，股市是周期性波动的，跌多了，跌久了就会有大级别的上涨行情产生；同样道理，涨多了，涨久了就会有大级别的下跌行情发生。这就是周期思维，是易经理论中非常重视的思维模式。这也是制定不设止损型投资策略的人应该具备的素质。

- **技术分析水平不一定要非常高，但具备高超的技术分析能力有助于显著提高资金收益率**

本书第二部分介绍的技术分析理论，对于传统经典技术理论经实践检验屡试不爽的精华部分予以保留并有所提炼，对于传统技术理论在实际运用中遇到的不足之处尽量想办法予以解决，并提出了自己的看法，是笔者在总结前人智慧的基础上并略有创新和发展，希望在一定程度上能帮助读者提高投资收益率。

- **在市场整体估值过高的时候懂得空仓休息**

长期保持重仓，或者一直满仓，可能不利于规避大的系统性风险。如果最初进场的时机不对，使可能造成重大亏损。

具备上述条件，应该说获利的概率是比较大的，收益率应该说也不会低；如果不具备上述条件，赚钱的概率和收益率可能将大大降低。

不设止损型的投资策略

下面介绍一套不设止损型的投资策略，以供大家探讨。

（1）通过行业分析，挑选 5 个以上发展前景良好的行业作为投资方向。

（2）通过个股基本面分析，从每个看好的行业中挑选 2～3 个具备投资价值的股票，建立备选股票池。

（3）通过技术分析，判断大盘指数是否存在系统性风险。如果认为大盘存在系统性风险，则暂时不考虑买入股票。

（4）在认为大盘指数没有系统性风险的基础上，通过对个股的技术分析，择机买入备选股票池中的股票。购买单个股票的资金原则上不超过总资金的 20%。

（5）如果买入后很快开始获利，通过技术分析择机卖出获利了结，以保住利润；获利了结后，如果认为大盘指数仍然没有系统性风险，则随时准备再次择机买入备选股票池中的股票，并在获利后根据技术卖点择机获利了结。

（6）如果买入后被套，此时如果账户里还有剩余资金，在合适的时机进行补仓，补仓遵循如下原则：个股已经被套20%以上；个股技术面符合再次买入的标准；认为大盘指数没有系统性风险。此时可以突破购买单只股票的资金不超过总资金的20%的原则，但购买单只股票的资金最高不超过总资金的30%。

如果买入后被套，而账户里已经没有剩余资金，转为关注个股基本面是否已经发生重大不利变化。只要个股基本面没有发生重大不利变化，就被动等待解套。

（7）补仓后，再次出现技术卖点时，如果已经出套，那么在技术卖点及时获利了结；如果该个股整体还没有出套，但补仓买入部分已经获利，此时将补仓部分先卖出；补仓后再次被套，则不再继续补仓，而转为继续深入研究被套个股的基本面，看个股基本面是否已经发生重大不利变化。

（8）个股基本面发生重大不利变化时，择机“割肉”认赔出局。

上述投资策略的最后一项，即在个股基本面发生重大变化时也会“割肉”认赔出局，严格意义上也属于止损范畴，但这已经不属于正常的止损。正常的止损设置是股价一旦跌破某价位即卖出，是不考虑基本面因素的，仅仅考虑价格变化因素，是完全建立在技术分析基础上的“保命”手段。

当然，有些人即使在个股基本面已经发生重大不利变化的情况下还是不愿意“割肉”，仍寄希望于赌重组，“乌鸡变凤凰”。笔者不认为这种观点一定不对，尤其在中国大陆股市退市制度不健全的环境中，很多人在踩到“地雷”后“死猪不怕开水烫”，套几年等重组，不少人重组成功后还赚了大钱出来。但是，一旦中国A股股市的退市制度开始健全，比如像美国一样采取严格的退市制度，那么在个股基本面发生重大不利变化时，不及时“割肉”出局，很可能最终血本无归。

对于投资者来说，在个股基本面发生重大不利变化时“割肉”出局是一项重大投资决策，因为这时往往已经亏损较大。因此，笔者在提出该项策略时，也是经过了慎重考虑与综合评估的。

在退市制度完善的股市，如美国股市，每年退市的上市公司数量是非常大的。据统计，纳斯达克每年有大约8%的公司退市，其中大约一半是强制退市。纽交所的退市率大约为6%，其中约1/3是强制退市。由于退市企业和IPO企业数量相当，近几年纽交所上市企业数量稳定在2000家左右。关于美国退市制度的详细资料，有兴趣的读者可以在互联网上自行搜索阅读。

在严格的退市制度下，赌重组的风险是很大的。经营困难的公司一不小心就可能退市，因此愿意赌上市公司重组的人不多，“垃圾股”自然难以被市场恶炒。A股“垃圾飞天”是退市制度不完善的暂时现象，一旦退市制度出台实质性举措，各路沉淀在“垃圾股”上的资金可能会“夺路狂逃”，届时出现严重“踩踏事故”也是可能的。因此，笔者认为在这一点上还是有必要保持清醒的头脑。虽然我们不知道退市制度什么时候能完善，但迟早是要完善。也许几年内都不出台，但也不能排除很快出台，因为从理论上讲，退市制度应在证券发行“注册制”推出之前进行完善。因此，我们还是应当树立以“价值投资”为基础的投资理念，对于基本面严重恶化的个股还是尽量回避。尽可能地回避不确定性，有助于让你在资本市场上“活得更久、活得更好”。

第二节　止损型投资策略：适用人群与具体方法

止损型投资策略，是指在制定的投资策略中有止损价位的设置，一旦价格跌破止损价位则卖出股票，以避免损失进一步扩大的投资策略。

止损型投资策略与不设止损型投资策略有根本性的区别，其中最根本的区别在于，止损型投资策略可以完全按照技术分析来操作，可以撇开股票的基本面不管；而不设止损型投资策略必须以公司基本面分析为基础，可以技术分析为辅助手段，也可以完全不做技术分析。因为理论上讲，对于价值投资而言，假如您选出的股票都是有投资价值的，那么价格跌得越多，相对估值就越低，也就越有投资价值，即“越跌越有价值”；而止损则是在价格跌破某一价位后立即卖出，出发点是基于技术分析，设置止损位的依据通常是某个技术支撑位的跌破，从技术分析上看股价可能还将继续下跌，因而止损，这其中通常不考虑股票是否具有投资价值的因素。

止损型投资策略的适用人群

止损型投资策略主要适用于具有如下性格特点和资金特点的人：

（1）会止损，怕长期被套的人；

（2）仓位经常很重或习惯经常性满仓的人；

（3）没有持股耐心，天天想操作股票的人；

（4）资金性质不允许长期持股的人；

（5）杠杆交易者只能选择止损型投资策略。

一般而言，制定止损型投资策略的人应具备如下素质。

- **性格果断，执行力强，最好能有“近乎冷血”的执行力**

止损型投资策略的关键点就在于“止损”，但如果“止损”的执行不果断，一不小心就会被深套，从而让“止损”变成“割肉”。而有些人一看已经套多了，干脆放着不管了，这都是与“止损”型投资策略背道而驰的。止损型投资策略必须做到跌破止损位立即止损，即使卖出后股价马上大涨也绝不后悔！没有很强的执行力，“止损”往往成为摆设。

- **具备一定的技术分析能力**

如上所述，止损型投资策略的出发点是基于技术分析，设置止损位的依据通常是某个技术支撑位的跌破，从技术分析上看股价可能还将继续下跌，因而止损。因此，具备一定的技术分析能力是采用止损型投资策略的人必须具备的素质。

止损型投资策略讲究的是“胜率”和“盈亏比”之间的平衡。止损位的设置应合理，这个“合理”有两层意思，一是止损位不能设得太大，如果止损位设得太大，那么止损一次就可能损失较大比例的资金；二是不能让股票价格轻易跌破止损价位，如果股票价格经常跌破止损价位，那么止损就会很频繁，即止损率很高，止损率越高胜率就越低，如果此时又不能做到较大的盈亏比，那么亏钱的概率就会相对较高。通常而言，止损位设置的越大，止损率相对就会越小。既要做到止损位较小，又要有效降低止损率，即做到“合理”止损，这需要一定的技术分析能力，最好能找出一套自己运用起来感觉最得心应手的技术分析方法，然后再对该套技术分析方法进行精细化研究，并在该套技术分析方法基础上制定适合自己的止损型投资策略，在实际运用中不断精益求精，以便能精准找出明确、具体的止损价位和止盈时机，提高投资收益率。

希望本书第二部分介绍的技术分析理论及其运用要点能对执行止损型投资策略的人有所帮助。

止损型的投资策略

下面介绍一套止损型投资策略，以供读者探讨。

（1）以60分钟K线图为买入操作周期，当MACD指标在0轴附近形成底背离或金叉时买入。

（2）以60分钟K线图的MACD指标在0轴附近死叉或15分钟K线图的MACD指标在0轴附近形成顶背离时卖出。

（3）跌破买入时底背离或金叉行情的最低点时止损。

（4）每次买入单只股票的资金量不超过总资金量的20%，单只股票投入的最大资金量不超过总资金量的30%。

以上是一套相对简单明了的单一技术分析型投资策略，供大家探讨。当然，读者可以根据自己的技术水平和操作习惯，制定更符合自身特点的投资策略。

第三节　资产管理型投资策略说明与探讨

策略的内涵

资产管理型投资策略主要是针对从事代客户理财和资产管理业务的私募基金来说的。根据私募基金与客户之间的黏合度不同，私募基金大体可以分两种类型，一种是客户黏合度很高的私募基金，这些私募基金的客户通常是基金合伙人或基金经理的亲朋好友，相互之间比较了解，信任度很高，客户对于基金的过往历史业绩也表示认可。这种私募基金由于客户都是熟人圈子，基金与客户之间默契度较高，沟通起来较为方便，因此可以根据客户的投资偏好和风险承受能力相对灵活地制定相应的投资策略。还有一种是客户黏合度较差的私募基金，这些私募基金一般都会有严格的清盘底线，资金亏损到一定比例必须清盘。还有的是两种模式的混合体，即部分理财产品针对熟人客户发行，部分理财产品针对陌生客户发行。这里探讨的资产管理型投资策略主要是针对客户黏合度较差的私募基金而言。为简化表述，如无特别说明，本节所述的资产管理型投资策略都是指亏损达到一定比例必须清盘的投资策略。

资产管理型投资策略是止损型投资策略的一种，但与一般散户自己制定的止损型投资策略相比，资产管理型投资策略更为重视资金管理。可以说，资金管理是资产管理型投资策略的核心。

通常，资产管理型投资策略将清盘线设置在亏损15%左右，也就是说，如果某理财产品资金缩水达到15%就必须强制清盘。当然也有将清盘线设置的比较宽松的私募基金，比如资金缩水30%时才清盘。

案例分析

接下来我们以资金缩水达到15%即清盘的标准来探讨一下资金管理问题。

首先假定现在有一个规模较小的从事中国A股市场股票交易的私募理财产品，资金总规模为6000万元，设定的清盘线为资金缩水15%，即资金规模缩水至6000万×（1－15%）=5100万元时，该理财产品必须清盘。该理财产品由3位基金经理进行管理，分别为甲、乙、丙，甲、乙、丙每人管理的资金量均为2000万元。当甲、乙、丙任何一人所管理的资金损失达到10%，即亏损200万元时，均须停止其管理的资金的交易，改由其他基金经理来接替。

现甲、乙、丙各自制定了一套投资策略。

● 甲的投资策略

（1）每一笔交易（完成一次买卖为一笔，下同）的最大损失控制在其管理资金总量的2%以内（2000万元的2%）。

（2）单只股票投入的最大资金量不超过其管理资金量的30%（2000万元的30%）。

（3）以60分钟K线图为买入操作周期，当MACD指标在0轴附近形成底背离或金叉时买入。

（4）以60分钟K线图的MACD指标在0轴附近死叉或15分钟K线图的MACD指标在0轴附近形成顶背离时卖出。

（5）跌破买入时底背离或金叉行情的最低点时止损。

假定甲现在想买入某只股票，现在价位为20元，止损价位为19元，那么甲的这一次操作最多可以买多少股票呢？由于甲的每一笔交易的亏损额已经预先计划好了，单笔交易最大亏损额为2000万×2%=40万元；单只股票的最大购买金额也已经设定好了，为2000万×30%=600万元；这一笔交易的每股最大亏损额也已经设定好了，为20-19=1元；那么甲的该笔交易所能购买的股票数量应该这样来计算：根据设定好的单笔交易最大亏损额计算为2000万×2%/(20-19)=40万股，但购买40万股所需资金量为40万股×20元/股=800万元，已经超过设定好的单只股票投入资金的上限600万元，因此甲的该笔交易所能购买的股票数量上限应为600万元÷20元/股=30万股。这里须注意的是，计算可以购买的股票数量上限时，同时要考虑设定的每笔交易最大亏损额和单只股票允许投入的最大资金量，两者均不能超过上限，但可以同时低于两者的上限。以后的每笔操作均可以套用这个方法进行计算。

假定甲在该段时间的运气很背，做了10笔交易亏损额已经达到其管理资金总量的10%，即200万元，那么此时就要停止其交易，改由其他基金经理来接替甲继续操作。

假设接替甲的是丁这位基金经理，同时假定丁的操作策略与甲相同，但丁的运气比较好，经过3笔交易盈利了200万元，则丁管理的资金量重新回到了2000万元。

- **乙的投资策略**

（1）每一笔交易的最大亏损控制在其管理资金总量的5%以内（2000万元的5%）。

（2）单只股票投入的最大资金量不超过其管理资金量的50%（2000万元的50%）。

（3）以价格形态的突破为买入点。

（4）以达到价格形态的最低目标度量值为卖出点。

（5）买入后价格下跌10%时止损。

假定乙现在想买入某只股票，现在价位为30元，下跌10%时止损，那么乙的这一次操作最多可以买多少股票呢？由于乙的每一笔交易的亏损额已经预先计划好了，单笔交易最大亏损额为2000万×5%＝100万元；单只股票的最大购买金额也已经设定好了，为2000万元×50%＝1000万元；这一笔交易的每股最大亏损额也已经设定好了，为30×10%＝3元；那么甲的该笔交易所能购买的股票数量上限应该这样来计算：根据设定好的单笔交易最大亏损额计算为2000万×5%/(30×10%)＝33.33万股，购买33.33万股所需资金量为33.33万股×30

元/股 =999.9 万元，没有超过设定好的单只股票投入资金的上限 1000 万元，因此甲的该笔交易所能购买的股票数量上限为 33.33 万股。以后的每笔操作均可以套用这个方法进行计算。

假定乙在该段时间的运气也不好，止损了 1 笔之后，第二笔也处于亏损状态，已经损失了其管理资金量的 8%，其管理资金额变为 1840 万元。

• 丙的投资策略

（1）每一笔交易的最大亏损控制在其管理资金总量的 10% 以内（2000 万元的 10%）。

（2）单只股票投入的最大资金量为其管理全部资金量（2000 万元）。

（3）只买上升趋势已经形成的股票，并且最好是题材丰富的股票，在上升趋势下轨附近择机买入。

（4）股价到达趋势上轨附近时卖出，或者涨幅达到 20% 以上时择机卖出。

（5）买入后股票下跌 10% 时止损。

假定丙现在想买入某只股票，现在价位为 40 元，下跌 10% 时止损，那么丙的这一次操作最多可以买多少股票呢？由于丙的每一笔交易的亏损额已经预先计划好了，单笔交易最大亏损额为 2000 万 ×10% = 200 万元；这一笔交易的每股最大亏损额也已经设定好了，为 40 × 10% =4 元；投入单只股票的最大资金量可以是其管理的全部资金；那么甲的该笔交易所能购买的股票数量上限应该这样来计算：根据设定好的单笔交易最大亏损额计算为 2000 万 ×10%/(40×10%) =50 万股，购买 50 万股所需资金量为 50 万股 ×40 元/股 =2000 万元，没有超过其管理的资金量 2000 万元，因此甲的该笔交易所能购买的股票数量上限为50万股。以后的每笔操作均可以套用这个方法进行计算。

假定丙在该段时间的运气也不好，满仓买入该股票后上涨了约5%之后股价便掉头向下，并且持股期间该股票突发财务造假的重大利空消息，股价连续5个跌停后才打开跌停板，从而得以“割肉”出局，资金损失额达到800万元，丙管理的资金规模只剩下1200万元。

这时该理财产品的总资金额为2000万元+1840万元+1200万元=5040万元，已经小于该理财产品的整体清盘线，于是该理财产品进行了清盘。

● 三种策略的比较

通过上述举例，我们认为，甲的操作策略比较符合资产管理型投资策略的要义，是一种相对稳健的操作策略，回旋的余地也比较大；乙的投资策略偏激进，每次止损所占其管理资金的比例偏高，回旋余地较小，不是太适合作为资产管理型投资策略；丙的投资策略则更加激进，一旦遇到不可预测的风险，基本没有回旋的余地，不适合作为资产管理型投资策略。

同时，我们也可以从上述的举例中看出，资产管理型投资策略必须预先设定好每笔交易的最大亏损额，以及确定止损价位的设置原则，并以此来倒推每笔交易可购买的股票数量上限。这是资产管理型投资策略资金管理的要义。

笔者认为，对于资金量比较大的投资者来说，即便是自有资金，也很有必要加强资金管理。或者干脆也制定一套类似于资产管理型的投资策略。比如将自己的资金分成几部分，分别放到各自独立的证券账户中，然后制定几套不同的交易策略，每一套交易策略均设定严格的资金管理原则，然后在不同的证券账户实行不同的交易策略，以尽可能地获取持续稳定的收益。